Elisabeth Scotto / Hervé Amiard

Suppen

Die 120 köstlichsten Rezepte

Vorwort
Joël Robuchon

Text
Elisabeth Scotto

Fotos
Hervé Amiard

Gestaltung
Laurence Mouton

Übersetzung
Clemens Wilhelm

Müller Rüschlikon

Titel des französischen Originals: LES SOUPES, Potages et Consommés,
fotografiert von Hervé Amiard, erschienen bei Editions du Chêne – Hachette Livre 1994,
79, Bd Saint-Germain, F-75006 Paris
Die Übersetzung erfolgte durch Clemens Wilhelm.

ISBN 3-275-01186-3

Satz: F. X. Stückle, D-77955 Ettenheim
Druck: Canale, I-10071 Borgaro
Bindung: AGM, Art Graphique Moderne, F-76440 Forges les Eaux
Printed in Italy

Inhalt

Gemüse

Wenn man «Suppe» sagt, denkt man meist auch an Gemüse. Und was wäre auch einfacher: einige Gemüsearten miteinander vermischen, Wasser hinzufügen, das Ganze kochen … und schon erhält man unfehlbar eine ebenso einfache wie köstliche Suppe. Die Früchte der Erde haben die Menschen überall in der Welt zu einer großen Fülle von Suppenrezepten inspiriert.

In den vier Jahreszeiten gibt es vier verschiedene Typen von Suppen. Das delikate Frühlingsgemüse mit seinen zarten Farben öffnet uns die Welt der leichten und subtilen Suppen: Puffbohnensuppe, Frühlings-Minestrone oder grüne Spargelsuppe mit Kerbel. Sie sonnenreifen Früchte des Sommers, vor allem natürlich die süßen und fleischigen vollreifen Tomaten ergeben die aromatischsten Suppen, in denen junger Knoblauch und Basilikum eine köstliche Verbindung eingehen, wie zum Beispiel bei der kalten Zucchinisuppe, der würzigen Tomatensuppe mit angebräunten Zwiebeln oder dem Gazpacho. Der Herbst mit seinen Pilzen, Kastanien und Hülsenfrüchten bringt uns die weiße Bohnensuppe mit knusprigem Salbei und die Kastaniensuppe mit duftenden, würzigen Waldpilzen. Im Winter wärmen und stär-

ken uns köstlicher Kohl und das haltbare Wintergemüse – Karotten, weiße Rüben, Lauch, Kartoffeln. Probieren Sie die sämige Sellerie-Kürbis-Suppe, die unvergängliche Lauch-Kartoffel-Suppe oder die Gemüsesuppe mit Parmesan.

Gemüsesuppen erlauben unzählige Interpretationen, regen die Phantasie an und spornen zu immer neuen Kreationen an. Tauschen Sie ganz nach Ihrem Geschmack und nach dem Marktangebot Zutaten aus, fügen Sie knusprige Speckwürfel, Streifen gebratenen rohen oder gekochten Schinkens, eine Spur aromatisches Olivenöl oder ein Butternüßchen, einige Späne Parmesan oder grob geriebenen Emmentaler hinzu.

Gemüsesuppen sind zweifellos am einfachsten zu variieren und erfordern weder großen Aufwand noch besondere Fertigkeiten.

Gazpacho

Gaspacho

Für vier Personen
• *Vorbereitungszeit: 10 Minuten*

1 Gurke (350 g)
750 g feste reife Tomaten
1 grüne, gelbe oder rote Paprikaschote (200 g)
1 Selleriestange mit Laub
1 große junge Zwiebel
1 junge Knoblauchzehe
1/2 Zitrone, unbehandelt
1/2 EL Weinessig
125 g Semmelbrösel
4 bis 6 Tropfen Tabasco
3 EL Olivenöl
Salz, Pfeffer

In ganz Spanien kennt man den Gazpacho, für den das Beste aus dem sommerlichen Garten verwendet wird: Tomaten, Paprikaschoten, Gurken, Sellerie, junger Knoblauch und junge Zwiebeln. Aber wie bei jedem «Nationalgericht» gibt es nicht nur eine, sondern viele Gazpacho-Varianten: Mit mehr oder weniger Tomaten, mehr oder weniger flüssig, mehr oder weniger scharf oder sauer. In Andalusien bereitet man ihn mit hartgekochten Eiern zu.

1. Die Semmelbrösel in der Küchenmaschine zu feinem Mehl mahlen und in eine große Schüssel geben.
2. Das Gemüse waschen. Die Tomaten achteln. Die Paprikaschote vierteln und von den Kernen und den weißen Rippen befreien. Die Selleriestange in vier Stücke schneiden. Die Gurke in 5 cm lange Stücke schneiden. Die halbe Zitrone in kleine Würfel schneiden und die Kerne entfernen. Die Zwiebel schälen, waschen und halbieren. Die Knoblauchzehe schälen.
3. Tomaten, Sellerie, Gurke, Paprikaschote, Knoblauch, Zwiebel und Zitrone in dieser Reihenfolge in einen Entsafter geben. Den Saft über die Semmelbrösel träufeln. Umrühren. Salz, Essig und Tabasco hinzufügen und nochmals umrühren.
4. Die Schüssel zudecken und mindestens drei Stunden in den Kühlschrank stellen, bis die Suppe eisgekühlt ist und die Semmelbrösel gut vom Gemüsesaft durchtränkt sind.
5. Den Gazpacho auf vier Teller geben, mit Öl beträufeln und zu Tisch bringen. Pfeffer aus der Mühle darübergeben. Kurz vor dem Servieren die Suppe mit fein gehackten jungen Sellerieblättern bestreuen.

▶ ***Man kann den Gazpacho auch in der Küchenmaschine zubereiten: Semmelbrösel, das Fleisch der Tomaten, der Paprikaschoten und der Gurke, gehackten Knoblauch und gehackte Zwiebel, einen Eßlöffel Zitronensaft, Tabasco, Salz, Essig und einige Eiswürfel im Mixer pürieren.***

SPARGELSUPPE MIT KERBEL

Velouté d'Asperges Vertes au Cerfeuil

FÜR VIER PERSONEN
• *Vorbereitungszeit: 15 Minuten*
• *Garzeit: 25 Minuten*
1 kg grüner Spargel
500 ml Milch
50 g Crème fraîche
1 Kaffeelöffel Stärkemehl (Arrowroot)
25 g Butter
3 Prisen geriebene Muskatnuß
12 Kerbelzweiglein
Salz, Pfeffer

Einst war der aus Europa stammende Spargel ein typisches Bauernessen. Nachdem er den ganzen Vorderen Orient erobert hatte, kehrte er im Triumph wieder zu uns zurück. Es gibt weißen, grünen und violetten Spargel in über zwanzig Sorten, doch ist der hier verwendete grüne Spargel zweifellos der aromatischste.

1. Die Spargelstangen waschen und trockenreiben. Das untere, faserige Drittel wegschneiden, so daß man etwa 600 g zarten Spargel erhält. Die Spitzen 2,5 cm lang abschneiden und beiseite stellen. Den Rest in feine Scheiben schneiden.
2. Die Milch in eine Kasserolle gießen, 250 ml Wasser hinzufügen und aufkochen lassen. Salzen. Die Spargelstangen hineingeben und etwa fünf Minuten garen, so daß sie noch «Biß» haben. Mit einem Schaumlöffel aus dem Topf herausheben und beiseite stellen.
3. Die Spargelscheiben in die Milch geben. Pfeffer und Muskatnuß hinzufügen und in etwa zehn bis zwölf Minuten sehr zart kochen.
4. Den Inhalt des Topfs in den Mixbecher der Küchenmaschine geben. Zu einer glatten Crème pürieren. Diese Crème durch ein Haarsieb wieder in den Topf geben.
5. Das Stärkemehl in einem Eßlöffel kaltem Wasser auflösen. Diese Mischung in den Topf geben. Zwei Minuten unter ständigem Rühren kochen, bis die Suppe gebunden ist. Die Spargelspitzen hineingeben. Crème fraîche und Butter hinzufügen, umrühren und vom Feuer nehmen.
6. Die Suppe auf vier vorgewärmte Suppenteller geben. Jeden Teller mit drei feingehackten Kerbelzweiglein bestreuen und sofort zu Tisch bringen.

KALTE SUPPE MIT AVOCADO UND KORIANDER

Potage Glacé à l'Avocat et à la Coriandre

FÜR VIER PERSONEN
• *Vorbereitungszeit: 10 Minuten*
2 reife Avocados, je ca. 250 g
250 ml Tomatensaft
2 EL Zitronensaft
1 junge Knoblauchzehe
2 EL fein gehackter frischer Koriander
4 Prisen Selleriesalz
6 Eiswürfel
Tabasco, Salz

Eine kühle und aromatische Suppe mit einem Hauch Mexiko: Avocados, Tomaten, Knoblauch, grüne Zitrone und Koriander, das Ganze nach Geschmack mit Pfeffer gewürzt.

1. Avocados schälen, halbieren und den Kern entfernen. Das Fruchtfleisch würfeln und in einen Mixbecher geben. Die Knoblauchzehe schälen, vierteln und mit dem Tomatensaft, dem Saft der Zitrone, einigen Tropfen Tabasco, dem Selleriesalz, Salz und den Eiswürfeln ebenfalls in den Mixbecher geben.
2. Eine Minute bei hoher Geschwindigkeit zu einer sehr glatten Masse pürieren.
3. Die Suppe auf vier gekühlte Teller geben und sofort mit gehacktem Koriander bestreut servieren.

KASTANIENSUPPE MIT WALDPILZEN

Velouté de Châtaignes

FÜR VIER PERSONEN
• *Vorbereitungszeit: 15 Minuten*
• *Garzeit: 1 Stunde*
500 g Kastanien
500 g gemischte Waldpilze
1 l Geflügelfond
2 EL Crème fraîche
2 EL Distelöl
4 Prisen geriebene Muskatnuß
Salz

Der Duft des Unterholzes entströmt dieser herbstlichen Suppe, in der Kastanien und Pilze eine glückliche Ehe eingehen. Nach einem Spaziergang im Wald aus Ihrer Pilzernte zuzubereiten.

1. Kastanienschale an der flachen Seite spalten und die Kastanien in einen Topf mit kochendem Wasser geben. Wenn das Wasser wieder aufwallt, weitere fünf Minuten garen, dann vom Feuer nehmen. Abtropfen lassen und schälen.
2. Den Geflügelfond in einen Topf geben und die Kastanien hinzufügen. Bei schwacher Hitze aufkochen lassen, salzen und etwa eine Stunde mit halb aufgelegtem Deckel und unter häufigem Rühren leise garen, bis die Kastanien sehr weich sind.
3. Die Kastanien über einem Topf durch die feine Scheibe einer Gemüsemühle passieren. Bei schwachem Feuer nochmals erhitzen und die Crème fraîche dazurühren. Mit Muskatnuß würzen.
4. Den erdigen Teil der Pilze entfernen. Waschen und große Pilze halbieren oder vierteln. Das Öl in einer Pfanne mit glattem Boden erhitzen und die Pilze darin dünsten, bis sie kein Wasser mehr abgeben und leicht knusprig geworden sind. Salzen und pfeffern.
5. Die Kastaniensuppe auf vorgewärmte Teller geben und mit den knusprigen Pilzen bestreuen.
   Sofort zu Tisch bringen.

PORTULAKSUPPE

Crème de Pourpier

FÜR SECHS PERSONEN
• *Vorbereitungszeit: 20 Minuten*
• *Garzeit: 1 Stunde*
500 g Portulak
150 g mehlige Kartoffeln
1 l Geflügelfond (Seite 164)
3 EL Olivenöl
6 Prisen Muskatnuß
Salz, Pfeffer

Der Portulak, der im Provenzalischen bourtoulaigo heißt, ist eine ausdauernde Pflanze mit fleischigen, leicht pikanten Blättern, die mit Anchovis und frischen Zwiebeln einen köstlichen Salat ergibt. Man kann ihn aber auch in Olivenöl dünsten oder zu einer gebundenen Suppe verarbeiten.

1. Portulak waschen und harte Stiele entfernen. Kartoffeln schälen, waschen und fein würfeln.
2. Das Öl in einem schweren, gußeisernen Topf von vier Litern Inhalt erhitzen. Die Kartoffeln darin leicht anbräunen und nach und nach den Portulak zugeben. Sorgfältig vermischen. Salzen, pfeffern und mit Muskatnuß würzen.
3. Den Geflügelfond in den Topf geben. Aufkochen lassen und unter gelegentlichem Umrühren eine Stunde garen.
4. Nach einer Stunde den Inhalt des Topfs durch die feine Scheibe einer Gemüsemühle passieren und sofort zu Tisch bringen.

▶ ***Vor dem Servieren kann man noch eine Spur fruchtiges Olivenöl in den Teller ziehen und einige Tropfen Zitronensaft hinzufügen. Nach Belieben pfeffern.***

Kalte Zucchinisuppe

Potage Froid aux Courgettes Râpées

Für vier Personen
• *Vorbereitungszeit: 10 Minuten*
• *Garzeit: 40 Minuten*
750 g zarte grüne Zucchini (Courgettes)
500 g reife Tomaten
4 junge Knoblauchzehen
8 Zweiglein Basilikum
1 EL Olivenöl
Salz
Zum Servieren:
2 EL fruchtiges Olivenöl
4 Zweiglein Basilikum
Zerstoßener Pfeffer

Diese ganz einfache sommerliche Suppe vermählt Zucchini und Tomaten, deren Geschmack im Sommer unvergleichlich ist, jungen Knoblauch, das flüchtige Geschenk der Natur, und Basilikum, das im Süden Frankreichs so sehr geschätzt wird. Und natürlich das Olivenöl nicht zu vergessen …

1. Knoblauchzehen schälen und mit 750 ml Wasser, Basilikumblättern, Öl und Salz in einen Topf geben.
2. Tomaten waschen und durch die mittlere Scheibe einer Gemüsemühle passieren. Das Püree in den Topf gießen und alles zum Kochen bringen.
3. Zucchini waschen und mit dem Raffelvorsatz der Küchenmaschine fein reiben. In den Topf geben und zugedeckt bei schwacher Hitze etwa 40 Minuten garen.
4. Wenn die Suppe gar ist, abkühlen lassen. Vor dem Servieren Olivenöl, zerstoßenen Pfeffer und Basilikumblätter hinzufügen.

Selleriesuppe mit geräuchertem Speck

Crème de Céleri au Lard Fumé

Für sechs Personen
• *Vorbereitungszeit: 10 Minuten*
• *Garzeit: 35 Minuten*
1 Sellerieknolle (1,2 kg) mit Laub
6 feine Scheiben Räucherspeck
100 g Crème fraîche
2 EL Olivenöl
Salz

Die milde Sellerieknolle, mit Räucherspeck aromatisiert, der in Olivenöl angebräunt wurde: Dies ergibt eine köstliche Suppe für den Winter. Werfen Sie niemals die kleinen Blättchen weg, die sich manchmal an der Sellerieknolle finden: sie sind zart und aromatisch und weniger scharf als das Laub des Stangenselleries. Wenn Sie sie nicht wie hier zum Bestreuen der Suppe verwenden, dann eignen sie sich fein gehackt vorzüglich zu grünem Salat, Meeresfrüchtesalat, Kartoffelpüree und so weiter.

1. Sellerie schälen, waschen und in 4 cm große Würfel schneiden. Den zarten grünen Teil der Blätter aufbewahren, waschen und fein hacken. Die Selleriewürfel mit 500 ml Wasser in einen Topf geben. Salzen und aufkochen lassen. Etwa 35 Minuten köcheln lassen, bis der Sellerie sehr zart ist.
2. Den Speck in feine Streifen schneiden und in einer Pfanne mit glattem Boden in einem Eßlöffel Olivenöl anbräunen. Auf Küchenkrepp beiseite stellen.
3. Wenn der Sellerie gar ist, im Mixer zu einer glatten Masse pürieren. Die Crème fraîche und den Rest des Öls in den laufenden Mixer geben, bis man eine sämige Suppe erhält.
4. Die Suppe auf sehr schwachem Feuer nochmals erhitzen und auf sechs vorgewärmte Teller geben. Mit dem Speck und den feingehackten Sellerieblättern bestreuen und sofort zu Tisch bringen.

Karottenpüreesuppe

Potage Crécy

Für sechs Personen
• *Vorbereitungszeit: 15 Minuten*
• *Garzeit: 1 Stunde*
1 kg neue Karotten
1 Zwiebel (100 g)
Das Weiße von zwei Lauchstangen
50 g Langkornreis
75 g Crème fraîche
50 g Butter
Salz, Pfeffer

Zwischen Crécy-en-Ponthieu, einem kleinen Ort an der Somme, an dem 1346 eine berühmte Schlacht geschlagen wurde, und Crécy-en-Brie, einem kleinen Ort in der Île-de-France, tobt ein heftiger Streit: Beide beanspruchen den Ruhm dieser köstlichen Suppe für sich, in der der Reis manchmal durch Kartoffeln ersetzt wird, die gleichzeitig mit den Karotten gar werden. Der Streit wird wohl nie entschieden werden; fest steht jedenfalls, daß die Karotten von Crécy-en-Brie weithin berühmt sind.

1. Die Zwiebel schälen und fein hacken. Die Lauchstangen waschen und in feine Scheiben schneiden. Die Karotten schälen, waschen und in feine Scheiben schneiden.
2. Die Hälfte der Butter in einem Topf mit vier Litern Inhalt zerlassen. Zwiebel und Lauch hinzufügen und zwei Minuten unter ständigem Rühren dünsten, bis alles eine goldgelbe Farbe angenommen hat. Mit zwei Litern Wasser aufgießen, aufkochen lassen und die Karotten dazugeben. Salzen und pfeffern. Zugedeckt 30 Minuten bei schwacher Hitze köcheln lassen, bis die Karotten sehr zart sind.
3. Alles in einen Mixbecher gießen und in einer Minute bei hoher Geschwindigkeit zu einer glatten Crème pürieren. Die Suppe in den Topf gießen und aufkochen lassen. Den Reis hinzufügen und 20 Minuten leise köcheln lassen, bis der Reis zart ist. Die Crème fraîche und den Rest der Butter hinzufügen und alles miteinander verrühren.
4. Die Suppe in eine Suppenterrine gießen und sofort zu Tisch bringen.

Weisse Bohnensuppe

Crème de Cocos Frais

Für vier Personen
• *Vorbereitungszeit: 20 Minuten*
• *Garzeit: 1 Stunde*
1 1/2 kg weiße Bohnen (Sorte Coco)
2 Zweiglein frischer Salbei
2 junge Knoblauchzehen
1 Gewürznelke
4 EL fruchtiges Olivenöl
Salz, Pfeffer

Der frische, pikante und leicht bittere Salbei mit seinen samtigen, graublauen Blättern wird, wenn man ihn in heißes Olivenöl taucht, noch pikanter und bitterer und läßt die zarten, milden weißen Bohnen ganz besonders gut zur Geltung kommen.

1. Salbei waschen, abtrocknen und die schönsten Blätter aufbewahren. Die Bohnen enthülsen und in einen Topf geben. Mit reichlich Wasser bedecken und die ganzen Knoblauchzehen, die restlichen Salbeiblätter und die Gewürznelke hinzufügen. Zugedeckt etwa eine Stunde auf schwacher Hitze garen, bis die Bohnen zart sind. Gegen Ende der Garzeit salzen.
2. Wenn die Bohnen gar sind, die Knoblauchzehen und die Gewürznelke herausnehmen. Die Bohnen durch die feine Scheibe der Gemüsemühle passieren und zwei Eßlöffel Öl hinzufügen. Warm stellen.
3. Das restliche Öl in einer kleinen Pfanne mit glattem Boden erhitzen und die Salbeiblätter auf mäßiger Hitze rasch Farbe annehmen lassen.
4. Die Bohnensuppe auf vorgewärmte Teller geben und mit den knusprigen Salbeiblättern garnieren. Sofort zu Tisch bringen.

▶ ***Zu dieser Suppe kann man geröstete Landbrotscheiben reichen, die man leicht mit jungem Knoblauch eingerieben, mit einer Spur Olivenöl überzogen und mit einigen Körnern grobem Salz bestreut hat.***

Radieschenlaubsuppe

Soupe de Fanes de Radis

Für sechs Personen
• *Vorbereitungszeit: 15 Minuten*
• *Garzeit: 40 Minuten*
Das Laub von zwei Bund Radieschen
100 g Kartoffeln
2 große neue Zwiebeln
100 g Crème fraîche
1 EL Zitronensaft
1 Eigelb
25 g Butter
Salz, Pfeffer

Wie beim Schwein wird von den Radieschen nichts weggeworfen! Die leicht gepfefferten Blätter ergeben eine überraschend köstliche Suppe.

1. Das Radieschenlaub waschen und abtropfen lassen. Die Kartoffeln schälen, waschen und in grobe Würfel schneiden. Die Zwiebeln schälen, waschen und mit dem grünen Teil feinhacken.
2. Die Butter in einem gußeisernen Topf von vier Litern Inhalt zerlassen. Die Zwiebeln hinzufügen und unter ständigem Rühren goldgelb dünsten. Die Kartoffeln hinzufügen und zwei Minuten rühren. Zuletzt das Radieschenlaub hinzugeben und nochmals rühren.
3. 1 1/2 l Wasser in den Topf gießen und salzen und pfeffern. Aufkochen lassen und zugedeckt 30 Minuten köcheln lassen.
4. Den Inhalt des Topfs durch die feine Scheibe der Gemüsemühle passieren. Im Topf nochmals aufkochen lassen.
5. Crème fraîche, Eigelb und Zitronensaft miteinander verschlagen und die Mischung in die kochende Suppe gießen. Die Suppe dicklich werden, aber nicht mehr aufkochen lassen und in eine Suppenterrine gießen. Heiß zu Tisch bringen und vor dem Servieren pfeffern.

▶ ***Dazu reicht man geröstete Landbrotscheiben.***

Kalte Tomatensuppe

Velouté de Tomate Glacé

Für vier Personen
• *Vorbereitungszeit: 15 Minuten*
• *Ruhezeit: 4 Stunden*
1 kg Tomaten
250 ml Geflügelfond
4 EL Olivenöl
2 EL alter Weinessig
50 g Crème fraîche
1 junge Knoblauchzehe
12 kleine Basilikumblätter
6 Prisen geriebene Muskatnuß
Salz, Pfeffer

Die Tomate, jenes Symbol des Sommers, spielt in dieser kalten Suppe die Hauptrolle, die durch den Essig eine interessante pikante Note erhält.

1. Die Tomaten zehn Sekunden in kochendes Wasser tauchen und anschließend kalt überbrausen. Schälen, halbieren und von den Kernen befreien. Das Fleisch grob hacken und mit Geflügelfond, Öl, Essig, Muskatnuß, Salz und Pfeffer in einen Mixerbecher geben.
2. Die Knoblauchzehe schälen und über dem Mixerbecher durch die Knoblauchpresse drücken. Alles in zwei Minuten bei hoher Geschwindigkeit zu einer sehr glatten Masse pürieren. Etwa vier Stunden im Kühlschrank kühl stellen.
3. Die Suppe in tiefen Tellern servieren, mit einem Flöckchen Crème fraîche garnieren und mit Basilikumblättern verzieren.

Kalte Gurkensuppe

Soupe Glacée au Concombre

Für vier Personen
• *Vorbereitungszeit: 30 Minuten vorher*
2 Gurken, je ca. 300 g
6 Joghurt
2 Tomaten, je ca. 100 g
3 Schalotten
50 g geschälte Mandeln
1 EL frische, fein gehackte Pfefferminze
1 EL frischer, fein gehackter Koriander
1 gestrichener Kaffeelöffel grobes Meersalz

Eine erfrischende und sehr aromatische «rohe» Suppe.

1. Gurken waschen, mit einem Gemüseschäler schälen und einige Streifen Schale daran lassen. Die Gurken der Länge nach vierteln und die Kerne entfernen. Die Gurkenstücke in der Küchenmaschine hobeln oder mit dem Messer sehr fein schneiden. Die Gurkenscheiben in eine Salatschüssel geben und mit Salz bestreuen. Zehn Minuten ziehen lassen.
2. Inzwischen die Tomaten zehn Sekunden blanchieren und anschließend kalt überbrausen. Halbieren und zusammendrücken, um die Kerne zu entfernen. Das Fleisch der Tomaten in kleine Würfel schneiden. Die Schalotten schälen, waschen und in feine Scheiben schneiden. Die Mandeln mit der groben Trommel der Küchenmaschine reiben.
3. Wenn die Gurken ihre Flüssigkeit abgegeben haben, abtropfen lassen und die Flüssigkeit aufbewahren. Die Joghurt mit dem Schneebesen glatt schlagen und die Gurkenflüssigkeit hinzufügen. Die Gurkenscheiben dazugeben und mindestens 30 Minuten in den Kühlschrank stellen.
4. Die Pfefferminze und den Koriander zu der kalten Suppe geben und vorsichtig vermischen. Mit Tomaten, Schalotten und Mandeln garnieren und zu Tisch bringen.

Erbsensuppe mit Speck

Crème de Petits Pois aux Lardons Croustillants

Für vier Personen
• *Vorbereitungszeit: 30 Minuten*
• *Garzeit: 25 Minuten*
1 kg frische Erbsen
1 l Geflügelfond (Seite 164)
100 g geräucherter Speck in feinen Scheiben
1 Salatherz
1 Zwiebel
75 g Crème fraîche
25 g Butter
4 Kerbelzweiglein
Salz, Pfeffer

Ein Beispiel für die Suppen, die man im 18. Jahrhundert in den Bürgerhäusern aß: Gekochtes, durchpassiertes und mit Sahne gebundenes Gemüse. Den «Pfiff» verleihen hier die kleinen Speckstückchen, die diese allzu behäbige Tradition auflockern.

1. Die Erbsen enthülsen. Die Zwiebel schälen und hacken. Das Salatherz waschen und in feine Streifen schneiden.
2. Die Butter in einem Topf von vier Litern Inhalt zerlassen und die Zwiebel hineingeben. In drei Minuten auf schwachem Feuer unter ständigem Rühren eine goldgelbe Farbe annehmen lassen. Den Salat hinzufügen und alles zwei Minuten miteinander vermischen.
3. Den Geflügelfond in den Topf gießen, aufkochen lassen und die jungen Erbsen hinzufügen. Etwa 20 Minuten garen, bis die Erbsen zart sind. Während des Garens salzen und pfeffern.
4. Während die Erbsen auf dem Feuer stehen, den Speck in feine Streifen schneiden und mit dem Öl auf mäßiger Hitze in eine Pfanne mit glattem Boden geben. An allen Seiten anbräunen. Auf Küchenkrepp abtropfen lassen und beiseite stellen.
5. Wenn die Erbsen gar sind, vier Eßlöffel davon aufbewahren. Dann den Inhalt des Topfs im Mixer zu einer feinen Crème verarbeiten. Durch ein Sieb wieder in den Topf geben. Nochmals erhitzen. Beim Aufkochen die Crème fraîche dazurühren und vom Feuer nehmen.
6. Die Erbsensuppe in eine Terrine geben. Mit den knusprigen Speckstückchen, den aufbewahrten Erbsen und dem Kerbel bestreuen und heiß zu Tisch bringen.

Frühlings-Minestrone

Minestrone de Printemps

Für sechs Personen
• *Vorbereitungszeit: 30 Minuten*
• *Garzeit: 1 Stunde*
1 kleiner junger Kohl
1 kleiner Brokkoli
250 g kleine Zucchini
250 g junge weiße Rüben
100 g grüne Bohnen
500 g Puffbohnen
500 g reife Tomaten
4 große Zwiebeln
3 Zweiglein Basilikum
2 junge Knoblauchzehen
4 EL Olivenöl
Salz, Pfeffer

Die Minestrone ist** die **italienische Suppe schlechthin. Von dieser Gemüsesuppe gibt es eine Unzahl von Varianten, die natürlich auch von der Jahreszeit abhängen. Nachfolgend eine Frühlingssuppe, in der köstliches junges Gemüse die Hauptrolle spielt.

1. Karotten, Zucchini und Zwiebeln schälen, waschen und in feine Scheiben schneiden. Die weißen Rüben schälen, waschen und in Viertel schneiden. Den Kohl in 1 cm dicke Scheiben schneiden. Die Brokkoli-Röschen abpflücken. Die grünen Bohnen von den Fäden befreien und in 2 cm lange Stücke schneiden. Die Puffbohnen enthülsen und die grüne Haut von den Kernen abziehen.
2. Die Tomaten zehn Sekunden blanchieren, mit kaltem Wasser überbrausen, schälen, halbieren und die Kerne herausdrücken; das Fleisch grob hacken. Die Knoblauchzehen schälen und feinhacken.
3. Zwei Eßlöffel Öl in einem gußeisernen Topf von vier Litern Inhalt erhitzen und Zwiebeln und Knoblauch zwei Minuten Farbe annehmen lassen. Karotten, weiße Rüben und Zucchini hinzufügen und weitere fünf Minuten alles miteinander vermischen. Das übrige Gemüse hinzufügen und mit kaltem Wasser bedecken. Aufkochen lassen und Salz, Pfeffer und zwei Zweiglein Basilikum hinzufügen. Eine Stunde köcheln lassen.
4. Wenn die Minestrone gar ist, das restliche Öl und das aufbewahrte Basilienzweiglein fein gehackt hinzufügen. Heiß oder warm zu Tisch bringen.

Kohlsuppe

Soupe au Chou

Für sechs Personen
• *Vorbereitungszeit: 15 Minuten*
• *Garzeit: 1 1/2 Stunden*
1 Grünkohl (1,2 kg)
750 g mehlige Kartoffeln
250 g magerer geräucherter Bauchspeck
1 kleine Zwiebel
4 Gewürznelken
1 Lorbeerblatt
1 Zweiglein Thymian
1 EL Wacholderbeeren
Salz, Pfeffer

Es gibt nicht nur eine, sondern Tausende von Kohlsuppen. Sie werden in ganz Frankreich, aber auch im übrigen südlichen und nördlichen Europa zubereitet. Die nachfolgende Variante mit Wacholderbeeren stammt aus dem Norden.

1. Den Kohl waschen, vierteln und den mittleren harten Teil entfernen. Jedes Kohlviertel in feine Streifen schneiden. Die Kartoffeln schälen, waschen und in 1 cm große Würfel schneiden. Den Speck in sehr feine Streifen schneiden.
2. 1 1/2 Liter Wasser in einen Topf mit 26 cm Durchmesser gießen. Die Zwiebel schälen, mit den Gewürznelken bestecken und mit dem Thymian und dem Lorbeer in den Topf geben. Aufkochen lassen und leicht salzen und pfeffern. Speck, Wacholderbeeren und Gemüse hinzufügen. Aufkochen lassen und zugedeckt eine Stunde leise köcheln lassen.
3. Wenn die Suppe gar ist, Zwiebel und Lorbeerblatt herausnehmen. Heiß im Topf zu Tisch bringen.

Artischockensuppe

Velouté d'Artichaut

Für vier Personen
• *Vorbereitungszeit: 30 Minuten*
• *Garzeit: 1 Stunde 10 Minuten*
1 kg mittlere violette Artischocken
4 große junge runde Zwiebeln
3 junge Knoblauchzehen
100 g mehlige Kartoffeln
1 Thymianzweiglein
1 Lorbeerblatt
4 EL Olivenöl
2 EL Crème fraîche
100 ml trockener Weißwein
1 l Geflügelfond (Seite 164)
1 Zitrone
Salz, Pfeffer

Diese Distel aus dem Mittelmeerraum wurde im Laufe der Jahrhunderte und durch viele Kreuzungen zu der Artischocke mit dem zarten Herz, wie wir sie heute kennen. Es handelt sich um eine noch nicht geöffnete Blütenknospe, deren Herz oder Boden von Deckblättern umgeben ist, die wir essen. Man kann sie wie jede andere Blume einige Tage in einer Vase mit Wasser aufbewahren. Besonders köstlich ist die violette Variante. Kleinere Früchte bis 50 g ißt man einfach mit Salz und fruchtigem Olivenöl; die größeren Früchte bis 300 g sind ideal zum Kochen.

1. Den Stiel der Artischocke zwei Zentimeter lang abschneiden, die harten Blätter wegnehmen und die zarteren Blätter zwei Zentimeter vom Herz entfernt abschneiden. Das Herz und den Stiel der Artischocken putzen. Vierteln und mit der halbierten Zitrone abreiben.
2. Die Zwiebeln schälen und fein hacken. Knoblauchzehen schälen und blättrig schneiden. Kartoffeln schälen und in grobe Würfel schneiden.
3. Die Hälfte des Öls in einem gußeisernen Topf mit vier Litern Inhalt erhitzen. Die Zwiebeln dazugeben und in fünf Minuten etwas Farbe annehmen lassen. Den Knoblauch dazugeben und alles eine Minute miteinander verrühren. Die gewaschenen und abgetropften Artischockenböden mit dem Zweiglein Thymian und dem Lorbeerblatt in den Topf geben. Zwei Minuten unter ständigem Rühren andünsten. Mit dem Wein aufgießen, salzen, pfeffern und bei starker Hitze kochen, bis der Wein vollständig verdunstet ist.
4. Den Geflügelfond in den Topf geben, die Kartoffeln hinzufügen und auf sehr schwachem Feuer zugedeckt eine Stunde garen, bis die Artischocken sehr zart sind.
5. Thymian und Lorbeerblatt herausnehmen und den Inhalt des Topfs durch die feine Scheibe einer Gemüsemühle passieren. Das restliche Öl und die Crème fraîche hinzufügen, umrühren und sofort zu Tisch bringen.

Karottensuppe mit Orangen

Velouté de Carottes à l'Orange

Für vier Personen
• *Vorbereitungszeit: 10 Minuten*
• *Garzeit: 30 Minuten*
500 g Karotten
1 große unbehandelte Orange
1 mittlere Zwiebel
4 gehäufte Kaffeelöffel Crème fraîche
2 Prisen Zucker
2 Prisen Cayennepfeffer
2 EL Distelöl
Salz

Die Farben von Karotten und Orangen ähneln sich, während sich ihr Geschmack ergänzt – die Süße der Karotte und die Säure des Safts und der Schale der Orange. Eine gelungene Kombination, die mit einem Hauch Cayennepfeffer aromatisiert wird.

1. Die Zwiebel schälen und fein hacken. Die Karotten schälen und in der Küchenmaschine fein reiben.
2. Das Öl in einem Topf von vier Litern Inhalt erhitzen und die Zwiebel unter ständigem Rühren mit einem Kochlöffel eine Minute dünsten, ohne sie Farbe annehmen zu lassen. Die Karotten hinzufügen und fünf Minuten rühren. Mit einem halben Liter Wasser aufgießen und zugedeckt 15 Minuten köcheln lassen.
3. Inzwischen die Orange waschen und säubern. Mit dem Sparschäler vier Bänder Schale abnehmen und in sehr dünne, 3 cm lange Streifen schneiden. Eine Minute blanchieren und abtropfen lassen. Mit kaltem Wasser überbrausen und nochmals abtropfen lassen. Die Orange halbieren, auspressen und 100 ml des Safts beiseite stellen.
4. Wenn die Karotten 15 Minuten gegart haben, den Topf vom Feuer nehmen und den Inhalt abkühlen lassen. Im Mixer zu einer sämigen Suppe pürieren.
5. Die Suppe in den Topf gießen und Salz, Zucker, Cayennepfeffer und Orangensaft hinzufügen. Bei milder Hitze nochmals kurz aufwallen lassen.
6. Die Suppe auf vier warme Teller verteilen und mit einem Löffel Crème fraîche und der fein geschnittenen Orangenschale garnieren. Sofort zu Tisch bringen, so daß jeder Gast die Crème fraîche selbst mit der Suppe vermischen kann.

Gemüsesuppe mit Kartoffeln und Wurst

Caldo Verde

Für sechs Personen
• *Vorbereitungszeit: 10 Minuten*
• *Garzeit: 30 Minuten*
1 kg mehlige Kartoffeln
Das Herz eines jungen Grünkohls (300 g)
100 g milde Chorizo (Paprikawurst)
4 EL Olivenöl
Salz, Pfeffer

Dies ist die berühmteste Suppe Portugals. Sie wird mit Grünkohl (Gallego) zubereitet. Traditionell reicht man dazu ein rundes Weißbrot (Broa) mit einer knusprigen Kruste und einer gelben, festen, salzigen Krume, das eher wie ein Kuchen schmeckt.

1. Die Kartoffeln schälen, waschen und in einen großen Topf geben. Mit kaltem Wasser bedecken und zum Kochen bringen. Salzen und etwa 20 Minuten garen, bis die Kartoffeln sehr zart sind.
2. Inzwischen den Kohl waschen und in feine Streifen schneiden. Eine Minute blanchieren. Abtropfen lassen, überbrausen und nochmals abtropfen lassen. Die Wurst schälen und in dünne Scheiben schneiden.
3. Wenn die Kartoffeln gar sind, abtropfen lassen und mit einigen Eßlöffeln der Garflüssigkeit durch die feine Scheibe einer Gemüsemühle passieren, so daß man eine dickliche Suppe erhält.
4. Die Suppe in einen gußeisernen Topf von vier Litern Inhalt gießen. Salzen und pfeffern. Den Kohl hinzufügen und zwei Minuten vermischen, so daß er noch leicht knackig bleibt. Das Öl dazugießen, umrühren und die Wurstscheiben hinzufügen. Zwei Minuten erhitzen. Nochmals umrühren und sofort zu Tisch bringen.

Lauch-Kartoffel-Suppe

Soupe Poireaux-Pommes de Terre

Für vier Personen
• *Vorbereitungszeit: 20 Minuten*
• *Garzeit: 20 Minuten*
750 g Lauch
500 g Bintjes
2 EL Olivenöl
Salz

Kartoffeln und Lauch: Eine Kombination, die so alt ist wie die Küche. Hier ist sie mit dem fruchtigen Geschmack des Olivenöls erneuert.

1. Die Lauchstangen putzen, waschen, abtropfen lassen und in schräge Scheiben von 1/2 cm Dicke schneiden. Die Kartoffeln schälen, waschen, abtropfen lassen und in kleine Würfel schneiden.
2. Das Öl in einen gußeisernen Topf von vier Litern Inhalt gießen und schwach erhitzen. Lauch und Kartoffeln hinzufügen und zwei Minuten bei sehr schwacher Hitze miteinander vermischen.
3. Mit einem Liter Wasser aufgießen, salzen und 20 Minuten bei schwacher Hitze garen, bis das Gemüse zart ist. Heiß zu Tisch bringen.

▶ ***Diese Suppe kann auch mit einem Geflügelfond zubereitet werden (siehe Seite 164).***

Puffbohnensuppe

Soupe aux Févettes

Für vier Personen
• *Vorbereitungszeit: 30 Minuten*
• *Garzeit: 1 Stunde*
2 kg frische Puffbohnen
4 große neue Zwiebeln
1 l Geflügelfond (Seite 164)
100 g mehlige Kartoffeln
1 Zweiglein frisches Bohnenkraut
1 Zweiglein Pfefferminze
2 EL Olivenöl
Salz, Pfeffer

Puffbohnen werden in der Provence traditionell am Cäcilientag (22. November) gesät und im April/Mai geerntet. Diese kleinen Köstlichkeiten ißt man roh mit Salz und einem mit Salz bestreuten Butterbrot, als Ragout, gedünstet mit anderem Frühlingsgemüse oder als leichte und aromatische Suppe.

1. Die Zwiebeln schälen, waschen und mit dem Grün hacken. Die Bohnen enthülsen und von der feinen hellen Haut befreien. Die Kartoffeln schälen und in kleine Würfel schneiden.
2. Das Öl in einem Topf von vier Litern Inhalt erhitzen und die Zwiebeln in fünf Minuten Farbe annehmen lassen. Bohnen, Bohnenkraut und Kartoffeln hinzufügen und eine Minute durchrühren. Mit dem Fond aufgießen. Wenn dieser aufkocht, salzen, pfeffern und eine Stunde garen lassen.
3. Am Ende der Garzeit den Inhalt des Topfs durch die feine Scheibe der Gemüsemühle passieren oder mit dem Stabmixer zu einer glatten Masse verarbeiten. Zur Dekoration kann man einige Bohnenkerne aufbewahren.
4. Die Suppe in eine Terrine gießen, mit den aufbewahrten Bohnenkernen garnieren und fein gehackter Pfefferminze bestreuen. Heiß zu Tisch bringen.

▶ ***Reichen Sie hierzu geröstetes Brot, das Sie mit ein wenig fruchtigem Olivenöl überziehen und einigen Körnern grobem Salz bestreuen können.***

Tomatensuppe mit Zwiebeln

Velouté de Tomate à l'Oignon Doré Épicé

Für vier Personen
• *Vorbereitungszeit: 15 Minuten*
• *Garzeit: 10 Minuten*
1 1/2 kg reife Tomaten
100 g Zwiebeln
2 junge Karotten
1 Selleriestange mit Laub
100 g Crème fraîche
1 EL Stärkemehl (Arrowroot)
1 Prise Zucker
1 EL Olivenöl
6 Prisen
- geriebene Muskatnuß
- süßer Paprika
- scharfer Paprika
- gemahlener Kümmel
Salz, Pfeffer

Getrocknete Gewürze verströmen ein köstliches Aroma, das eine Suppe noch delikater machen kann. Diese Würztechnik ist typisch für die indische Küche, wo man den Geschmack milder und scharfer Gewürze sehr schätzt.

1. Die Tomaten waschen und vierteln. Die Karotten unter fließendem Wasser abbürsten. Die Selleriestange waschen. Alle Gemüse in einen Entsafter geben und den Saft in einer Suppenschüssel auffangen. Das Stärkemehl in der Flüssigkeit auflösen. Die Zwiebeln schälen und in Scheiben, dann in feine Würfel schneiden.
2. Einen gußeisernen Topf von vier Litern Inhalt heiß werden lassen und Paprika, Muskatnuß und Kümmel hineingeben. Zwei Minuten mit einem Holzlöffel rühren und anrösten. Dann das Öl, die Zwiebeln und den Zucker hinzufügen. Fünf bis sechs Minuten unter ständigem Rühren garen, bis die Zwiebeln leicht gebräunt sind.
3. Den Tomatensaft in den Topf gießen und zum Aufkochen bringen. Salzen. Drei Minuten unter ständigem Rühren kochen, bis die Suppe bindet. Die Crème fraîche hinzufügen, rühren, vom Feuer nehmen und sofort zu Tisch bringen.

▶ ***Natürlich kann man diese Suppe auch mit Tomaten zubereiten, die man durch die feine Scheibe einer Gemüsemühle passiert hat, oder auch mit Tomatensaft. In beiden Fällen einige Prisen Selleriesalz zur Suppe hinzufügen und vor dem Servieren mit jungen, fein gehackten Sellerieblättern bestreuen.***

Kürbissuppe mit Ravioli

Velouté de Potimarron aux Ravioles

Für vier Personen
• *Vorbereitungszeit: 5 Minuten*
• *Garzeit: 35 Minuten*
1 1/2 kg Kürbis
1 l Milch
1 Knoblauchzehe
1 Gewürznelke
1 Thymianzweiglein
4 Prisen geriebene Muskatnuß
Salz, Pfeffer
Zum Servieren:
4 Platten Ravioles de Royans, frisch (oder aufgetautes Tiefkühlprodukt)
Feingehackter Schnittlauch

Die Ravioles de Royans sind kleine Teigtaschen aus Eierteig, die mit einer Mischung aus Gruyère, Quark, Petersilie, Eiern und Butter gefüllt sind. Sie tauchten zwischen dem 15. und 18. Jahrhundert in der Drôme auf und scheinen direkt aus Italien zu stammen. Die Piemonteser Holzfäller, die in das Royans am Fuße des Vercors ausgewandert waren, ersetzten die traditionelle Fleischfüllung durch eine Füllung auf der Grundlage von Käse und Gemüse. Diese «Mini-Ravioli» gibt es noch heute. Sie sind so zart, daß sie in wenigen Sekunden gar sind.

1. Den Kürbis halbieren und von den Kernen und der Schale befreien. Die Knoblauchzehe schälen und mit Thymian und Gewürznelke in ein Gaze-Viereck geben und zubinden.
2. Die Milch in einen Topf von vier Litern Inhalt geben und das Gaze-Säckchen, den gewürfelten Kürbis und ein wenig Salz hinzufügen. Aufkochen lassen. Umrühren und bei schwacher Hitze zugedeckt 30 Minuten köcheln lassen. Während der Garzeit mehrmals umrühren.
3. Das Gaze-Säckchen herausnehmen und den Inhalt des Topfs in die Küchenmaschine geben. Zu einer flüssigen Suppe pürieren.
4. Die Kürbissuppe im Topf nochmals erhitzen. Die Ravioli auf vier Teller geben, mit dem gehackten Schnittlauch bestreuen und zu Tisch bringen. Die siedende Suppe darübergießen, wodurch die Ravioli in Sekundenschnelle gar werden.

Sellerie-Kürbis-Suppe

Velouté Céleri-Potiron

Für sechs Personen
• *Vorbereitungszeit: 15 Minuten*
• *Garzeit: 30 Minuten*
500 g Kürbisfleisch
500 g Sellerie
500 ml Milch
Salz, Pfeffer

Eine ganz einfache Suppe mit einem köstlichen fruchtigen Geschmack. Man kann die Gemüsemengen variieren, wodurch man jedesmal eine andere, aber immer köstliche Suppe erhält.

1. Das Kürbisfleisch und den Sellerie in 2 cm große Würfel schneiden. Waschen und in einen großen Topf geben. Die Milch dazugießen und mit Wasser bedecken. Salzen, pfeffern und aufkochen lassen.
2. Unter häufigem Rühren etwa 30 Minuten leise köcheln lassen, bis das Gemüse ganz zart ist.
3. Die Suppe mit dem Pürierstab glätten und sofort servieren.

AROMATISCHE TOMATENSUPPE

Crème de Tomates aux Épices

FÜR VIER PERSONEN
• *Vorbereitungszeit: 15 Minuten*
• *Garzeit: 10 Minuten*

1 1/2 kg nicht zu reife Tomaten
100 g Frühlingszwiebeln
2 junge Knoblauchzehen
1 Selleriestange mit Laub
1 getrocknete Pfefferschote
1/2 Kaffeelöffel Korianderkörner
1 Zimtstange, 5 cm lang
1/2 Kaffeelöffel verschiedenfarbige Pfefferkörner
8 Prisen geriebene Muskatnuß
1 Kaffeelöffel Zuckerraffinade
4 Zweiglein Basilikum
1 EL Olivenöl
25 g Butter
Salz

Die aus Amerika stammende Tomate hat ganz Europa erobert. Sie ist allerdings sehr wärmebedürftig und gedeiht nirgendwo besser als in den südlichen Ländern, wo sie saftig, süß und aromatisch wird. Nehmen Sie Tomaten aus der Provence, aus Italien, aus Spanien oder Marokko – sie sind unvergleichlich besser als die holländischen!

1. Pfefferschote, Koriander, die grob zwischen den Fingern zerdrückten Pfefferkörner und die in mehrere Stücke zerbrochene Zimtstange in ein kleines Gaze-Säckchen geben, das man zubindet.
2. Die Tomaten zehn Sekunden blanchieren, kalt überbrausen, schälen und das Fleisch mit dem Messer grob hacken. Knoblauch und Schalotten schälen und mit der Selleriestange grob hacken.
3. Das Öl in einem Topf von vier Litern Inhalt erhitzen und Butter, gehackte Schalotten, Knoblauch, Sellerie und Zucker hineingeben. Fünf bis sechs Minuten unter ständigem Rühren leicht anbräunen.
4. Die Tomaten in den Topf geben. Salzen. Mit 250 ml Wasser aufgießen, aufkochen lassen und unter häufigem Umrühren weitere 30 bis 35 Minuten köcheln lassen. Das Gaze-Säckchen herausnehmen und den Inhalt des Topfs zu einer glatten Suppe pürieren. Heiß zu Tisch bringen und die Muskatnuß und das Basilikum hinzufügen.

► ***Diese Tomatensuppe ist kalt, oder an warmen Sommerabenden auch eisgekühlt, ebenfalls köstlich.***

Französische Zwiebelsuppe

Gratinée à l'Oignon

Für vier Personen
• *Vorbereitungszeit: 10 Minuten*
• *Garzeit: 1 Stunde 15 Minuten*
500 g große milde Zwiebeln
1 1/2 l Geflügelfond oder Rinderbouillon
1 gestrichener EL Mehl
100 g Butter
12 Brotscheiben vom Stangenbrot oder Landbrot
100 g geriebener Emmentaler
Salz, Pfeffer

Die Pariser Suppe par excellence: Sie war die meistgegessene Suppe der Hallen, als diese noch das Herz von Paris waren. Es gab sie zu jeder Stunde der Nacht, und sie mundete den Arbeitern ebenso wie den Nachtschwärmern.

1. Die Zwiebeln schälen und fein hacken. Die Butter in einem Topf mit vier Litern Inhalt zerlassen und die Zwiebeln hinzufügen. Etwa 20 Minuten auf schwacher Hitze unter ständigem Rühren Farbe annehmen lassen. Mit Mehl bestreuen und zwei Minuten durchrühren. Mit der Brühe aufgießen, salzen, pfeffern und aufkochen lassen. Zugedeckt 45 Minuten auf sehr schwacher Hitze und unter gelegentlichem Umrühren köcheln lassen.
2. Den Ofengrill einschalten und die Brotscheiben auf beiden Seiten rösten, in vier Suppenschalen legen und mit Käse bestreuen. Die Suppe in die Schalen gießen und nahe an der Hitze in den Ofen schieben. Einige Minuten gratinieren, bis der Käse geschmolzen ist und Farbe annimmt. Sofort servieren.

Kastaniensuppe

Crème de Marrons

Für vier Personen
• *Vorbereitungszeit: 15 Minuten*
• *Garzeit: 1 Stunde*
500 g Kastanien
1 l Milch
2 zarte Selleriestangen
2 EL Crème fraîche
4 Prisen geriebene Muskatnuß
Salz

Kastanien (Maronen) wurden schon immer zu zahlreichen Suppen verwendet: nature, in Wasser, Milch oder Brühe gegart, allein oder mit anderen Gemüsen, mit denen sie sich gut verbinden, wie zum Beispiel Sellerie oder Lauch. Man liebt sie aber auch süß, wie zum Beispiel im Languedoc, wo sich das Salz in Zucker und die saure Sahne in Schokoladestückchen verwandeln, die in der heißen Suppe schmelzen. Ein Festmahl!

1. Die Kastanienschale im flachen Teil spalten und in einen Topf mit kochendem Wasser geben. Wenn das Wasser wieder zu kochen beginnt, die Kastanien noch fünf Minuten kochen lassen und dann vom Feuer nehmen. Abtropfen lassen und schälen.
2. Die Milch in eine Kasserolle gießen und die Kastanien hinzufügen. Bei schwacher Hitze aufkochen lassen, salzen und eine Stunde bei halb geschlossenem Deckel unter häufigem Umrühren garen, bis die Kastanien sehr zart sind.
3. Die Kastanien über einem Topf durch die feine Scheibe einer Gemüsemühle passieren. Auf schwachem Feuer nochmals erhitzen und die Crème fraîche unterziehen. Geriebene Muskatnuß hinzufügen.
4. Die Selleriestangen waschen, abtrocknen und feinhacken. Die Suppe in eine Terrine gießen und mit dem Sellerie bestreuen. Sofort zu Tisch bringen.

▶ ***Man kann dieser natürlich süßen und aromatischen Suppe sehr feine knusprige Speckstückchen hinzufügen.***

Hülsenfrüchte

Hülsenfrüchte sind Früchte, die eine Schote besitzen: Bohnen in allen Formen und Farben, gelbe, grüne und rote Linsen, gelbe und grüne Erbsen, Kichererbsen und so weiter. Frisch verzehrt, fallen sie in die Kategorie des Gemüses und sind in dieser Form im Sommer und Herbst nur allzu kurz auf dem Markt erhältlich.

Es gibt über einhundert Arten von Hülsenfrüchten, von denen wir jedoch nur wenige verzehren. Teils werden sie ganz verkauft, teils enthülst wie zum Beispiel Erbsen. Mit Ausnahme der Linsen müssen Hülsenfrüchte vor dem Garen etwas sechs Stunden eingeweicht werden. Die Garzeit dauert etwa zwei bis drei Stunden, bei gelben und grünen Erbsen dreißig Minuten, bei roten Erbsen fünfzehn Minuten. Wenn die Hülsenfrüchte nach einigen Monaten der Trocknung auf den Markt kommen, müssen sie innerhalb eines Jahres verzehrt werden, da sie sonst hart, fade und mehlig werden.

In Frankreich war die Bohnensuppe lange Zeit das einzige Abendessen der Bauern und der armen Städter. Das Prinzip war einfach: Hülsenfrüchte, die man mit einem Schinkenknochen, einem Schweinsfuß, einem Stück gesalzenem oder geräuchertem Speck lange im Kamin köcheln ließ. Manchmal wurde auch frisches Gemüse hinzugefügt: Kohl,

Karotten, weiße Rüben, Kartoffeln. Dabei hatte natürlich jede Region ihre eigenen Bohnen. Zwischen den großen, flachen weißen *Soissons* und den kleinen *Haricots riz* gibt es eine große Vielzahl von Bohnen in allen Größen und Farben: Die zarten grünen *Flageolets*, die leicht mehligen *Cocos*, die in der Vendée, in der Bretagne und im Südosten angebaut werden, die weißen, länglichen, sehr delikaten *Lingots* aus dem Norden und der Vendée, die köstlichen *Cornilles* mit der hübschen schwarzen Zeichnung, die rosa oder rot marmorierten Bohnen mit dem köstlichen Nußgeschmack, die leider beim Kochen ihre Färbung verlieren, die roten, braunen und schwarzen Bohnen, die hauptsächlich auf dem amerikanischen Kontinent gegessen werden, und schließlich die exotischen Bohnen wie die chinesischen *Mung*-Bohnen, die kleinen, dunkelroten japanischen *Azuki*, die meist mit Reis gemischt werden, oder die Sojabohnen, die vor allem in Japan für die Zubereitung von Tofu verwendet werden, einer weichen, hellen Paste, die Eiweiß in ähnlicher Menge und Zusammensetzung enthält wie Fleisch.

Erbsensuppe

Velouté de Pois Cassés

Für sechs Personen
• *Vorbereitungszeit: 10 Minuten*
• *Einweichzeit: 1 Stunde*
• *Garzeit: 1 Stunde*

500 g zerstoßene Erbsen
2 l Geflügelfond (Seite 164)
2 Knoblauchzehen
1 Lorbeerblatt
1 Zweiglein Thymian
25 g Butter
Salz, Pfeffer

Zum Servieren:
4 Scheiben Weißbrot
4 EL Öl

Diese Suppe ist die vereinfachte Version der Potage Saint Germain, die durchpassiert und mit Sahne und Speckwürfeln abgerundet wird.

1. Die Erbsen in eine große Schüssel geben und reichlich mit kaltem Wasser bedecken. Eine Stunde einweichen.
2. Abtropfen lassen und in einen Topf von vier Litern Inhalt geben. Den Fond, die mit der flachen Hand zerdrückten Knoblauchzehen, Thymian und Lorbeer dazugeben. Aufkochen lassen und 45 Minuten unter gelegentlichem Umrühren garen. Gegen Ende der Garzeit salzen.
3. Inzwischen das Brot von der Kruste befreien und in Würfel schneiden.
4. Nach 45 Minuten Garzeit der Erbsen Knoblauch, Thymian und Lorbeerblatt herausnehmen und die Erbsen durch die feine Scheibe einer Gemüsemühle passieren. Die Flüssigkeit in den Topf gießen und zehn Minuten bedeckt erhitzen. Die Butter auf die Suppe geben und langsam schmelzen lassen.
5. Das Öl in einer großen Pfanne erhitzen und die Brotwürfel von allen Seiten anrösten.
6. Die Suppe umrühren, in sechs vorgewärmte Teller geben und mit den Croûtons garniert sofort zu Tisch bringen.

Erbsensuppe mit Schinken

Soupe de Pois Cassés au Jambon

Für sechs Personen
• *Vorbereitungszeit: 10 Minuten*
• *Einweichzeit: 1 Stunde*
• *Garzeit: 1 Stunde*

500 g zerstoßene Erbsen
250 g Kochschinken am Stück
2 Knoblauchzehen
1 Lorbeerblatt
1 Zweiglein Bohnenkraut
2 EL fein gehackter Schnittlauch
4 EL Olivenöl
Salz, zerstoßener Pfeffer

In dieser Suppe sind ganze und zerstoßene Erbsen miteinander vermischt, wodurch sie etwas köstlich Rustikales erhält, das noch durch den in Olivenöl gebratenen Schinken unterstrichen wird.

1. Die Erbsen in eine große Schüssel geben und reichlich mit kaltem Wasser bedecken. Eine Stunde einweichen.
2. Abtropfen lassen und in einen Topf von vier Litern Inhalt geben. Zwei Liter kaltes Wasser, eine mit der flachen Hand zerdrückte Knoblauchzehe, das Bohnenkraut und den Lorbeer dazugeben. Aufkochen lassen und 45 Minuten unter gelegentlichem Umrühren garen. Gegen Ende der Garzeit salzen.
3. Inzwischen den Schinken in feine Streifen schneiden. Die zweite Knoblauchzehe schälen und fein hacken. Knoblauch, Schinken und Schnittlauch miteinander vermischen.
4. Nach 45 Minuten Garzeit Knoblauch, Bohnenkraut und Lorbeer herausnehmen und die Hälfte der zerstoßenen Erbsen durch die feine Scheibe einer Gemüsemühle passieren. Die Suppe in den Topf gießen und die noch ganzen Erbsen hinzufügen. Warmstellen.
5. Das Öl in einer großen Pfanne erhitzen und darin den Schinken mit dem Knoblauch und Schnittlauch anbräunen. Alles zu den zerstoßenen Erbsen geben, vermischen und zu Tisch bringen. Am Tisch zerstoßenen Pfeffer hinzufügen.

▶ ***Dazu geröstete Brotscheiben reichen, die man mit Knoblauch eingerieben und mit Olivenöl überzogen hat.***

WEISSE BOHNENSUPPE MIT SPECK UND PETERSILIE

Crème de Cocos aux Lardons Persillés

FÜR SECHS PERSONEN
• *Vorbereitungszeit: 15 Minuten*
• *Einweichzeit: 6 Stunden*
• *Garzeit: 3 Stunden*

500 g weiße Bohnen (Coco oder andere Sorte)
6 dünne Scheiben geräucherter Speck
2 EL fein gehackte glatte Petersilie
4 Knoblauchzehen
1 Bouquet garni (2 Lorbeerblätter, 6 Petersilienstengel, 1 Zweiglein Thymian)
4 EL Olivenöl
Salz, Pfeffer

Getrocknete Bohnen passen immer hervorragend zu Olivenöl und Knoblauch. Verwenden Sie stets ein kaltgepreßtes, fruchtiges Öl aus Frankreich oder Italien. Von jungem Knoblauch, der etwa zwischen Mai und September erhältlich ist, kann man nach dem Garen die Haut abziehen; dann mit einer Gabel zerdrücken und zu der Suppe geben.

1. Die Bohnen in einen großen Topf geben und gut mit kaltem Wasser bedecken. Sechs Stunden einweichen.
2. Anschließend die Bohnen abtropfen lassen und in einen Topf von vier Litern Inhalt geben. Zwei mit der flachen Hand zerdrückte Knoblauchzehen, das Bouquet garni und einen Eßlöffel Olivenöl hinzufügen. Mit zwei Litern Wasser aufgießen und den Topf zudecken.
3. Den Topf auf ein sehr schwaches Feuer stellen und etwa drei Stunden köcheln lassen, bis die Bohnen sehr zart sind und sich mit einer Gabel zerdrücken lassen. Gegen Ende der Garzeit salzen.
4. Inzwischen den Speck in sehr feine Streifen schneiden. Das restliche Öl in einer glatten Pfanne erhitzen. Die Speckstückchen hinzufügen und knusprig braten. Salz, Pfeffer und Petersilie hinzufügen und noch eine Minute durchrühren.
5. Wenn die Bohnen gar sind, Knoblauch und Bouquet garni herausnehmen und durch die feine Scheibe einer Gemüsemühle passieren. Die Bohnensuppe nochmals erhitzen, Petersilienspeck hinzufügen und heiß zu Tisch bringen.

Bohnen-Tomaten-Suppe

Soupe de Cocos à la Tomate

Für sechs Personen
• *Vorbereitungszeit: 15 Minuten*
• *Einweichzeit: 6 Stunden*
• *Garzeit: 2 1/2 Stunden*
500 g weiße Bohnen (Sorte Coco)
500 g reife Tomaten
3 junge Knoblauchzehen
2 Zweiglein Rosmarin
1 Kaffeelöffel feines Meersalz
4 EL Olivenöl
1 Prise Zucker

Man kann diese Suppe mit den weißen oder den hübsch rosa marmorierten Coco-Bohnen zubereiten. Letztere werden leider beim Garen weiß!

1. Die Bohnen in eine große Schüssel geben und gut mit kaltem Wasser bedecken. Sechs Stunden einweichen.
2. Inzwischen die Tomaten blanchieren, mit kaltem Wasser überbrausen, schälen und das Fleisch grob hacken. Wenn man dies lange vor der Zubereitung durchführt, die Tomaten im Kühlschrank aufbewahren.
3. Nach sechs Stunden die Bohnen abtropfen lassen und in einen Topf von vier Litern Inhalt geben. Tomaten, Zucker, Rosmarin, mit der flachen Hand zerdrückte Knoblauchzehen und das Öl hinzugeben. Mit 1 1/2 Litern Wasser aufgießen und zudecken.
4. Den Topf auf sehr schwache Hitze setzen und etwa 2 1/2 Stunden köcheln lassen, bis die Bohnen sehr zart sind und sich mit einer Gabel zerdrücken lassen. Gegen Ende der Garzeit salzen. Heiß zu Tisch bringen.
   Dazu geröstete Landbrotscheiben reichen.

▶ ***Diese Suppe kann man auch im Ofen zubereiten: Den Topf in den kalten Ofen schieben und vier Stunden bei 100° Celsius (Gas Stufe 2) garen.***

Kichererbsensuppe

Soupe des Pois Chiches

Für sechs Personen
• *Vorbereitungszeit: 15 Minuten*
• *Einweichzeit: 6 Stunden*
• *Garzeit: 2 Stunden*
500 g Kichererbsen
Salz, zerstoßener Pfeffer
Zum Servieren:
Fruchtiges Olivenöl
Alter Weinessig
Geröstete Landbrotscheiben
Knoblauchzehen

Diese Suppe kann man auch mit einem Rest schon gegarter Kichererbsen zubereiten. Sie ist leicht herzustellen und dank der Mischung von Öl und Essig sehr aromatisch, die den etwas faden Geschmack der Kichererbsen verbessert.

1. Die Kichererbsen in eine große Schüssel geben und gut mit kaltem Wasser bedekken. Sechs Stunden einweichen.
2. Danach die Kichererbsen abtropfen lassen und in einen Topf von vier Litern Inhalt geben. Mit zwei Litern Wasser aufgießen und zudecken.
3. Den Topf auf sehr schwache Hitze setzen und etwa zwei Stunden köcheln lassen, bis die Kichererbsen zart sind. Gegen Ende der Garzeit salzen.
4. Die Kichererbsen abtropfen lassen und die Kochflüssigkeit aufbewahren. Nun gibt es zwei Möglichkeiten: Entweder passiert man die Kichererbsen durch die feine Scheibe einer Gemüsemühle, oder man passiert die Hälfte durch und befreit die andere Hälfte von der Haut, indem man sie zwischen den Fingern reibt. In beiden Fällen die Kichererbsen wieder in den Topf geben und die Suppe nochmals erhitzen.
5. Die Knoblauchzehen schälen und damit die Brotscheiben einreiben. In einen tiefen Teller geben und mit Olivenöl und einigen Tropfen Essig beträufeln. Mit dem zerstoßenen Pfeffer bestreuen. Die siedende Suppe auf das Brot geben und zu Tisch bringen.

LINSENSUPPE MIT KAROTTEN UND SPECK

Soupe de Lentilles aux Carottes et Lardons

FÜR SECHS PERSONEN
• *Vorbereitungszeit: 15 Minuten*
• *Garzeit: 35 Minuten*

500 g grüne Linsen
2 Scheiben Bauchspeck, je 100 g
300 g Karotten
2 Schalotten
2 Knoblauchzehen
1 Bouquet garni (1 Lorbeerblatt, 1 Zweiglein Thymian, 6 Zweiglein Petersilie)
2 EL Öl
Salz, Pfeffer

Grüne Linsen gehen mit Speck und Karotten eine klassische aromatische Kombination ein. Linsen – wenn sie nicht älter als ein Jahr sind – sind sehr schnell zubereitet: 30 Minuten sind in aller Regel gut ausreichend. Auf keinen Fall darf man sie einweichen, da sie dann jeden kulinarischen und Ernährungswert verlieren.

1. Karotten schälen und schräg in etwa 1/2 cm dicke Scheiben schneiden. Das Bouquet garni binden. Die Knoblauchzehen mit der flachen Hand zerdrücken.
2. Die Linsen waschen und in einen Topf geben. Räucherspeck, Zwiebel, Knoblauchzehe, Karotten und Bouquet garni dazugeben. Reichlich mit kaltem Wasser bedecken und auf schwacher Hitze aufkochen lassen. 30 Minuten garen.
3. Inzwischen die Schalotten schälen und fein hacken. Gegen Ende der Garzeit der Linsen den Räucherspeck herausnehmen, abtropfen lassen und in Streifen schneiden. Das Öl in einer glatten Pfanne erhitzen und die Schalotten drei Minuten garen, wobei man mit einem Holzlöffel rührt. Den Räucherspeck hinzugeben und weitere zwei Minuten rühren.
4. Knoblauch und Bouquet garni aus der Suppe nehmen. Den Inhalt der Pfanne in den Topf geben und sofort zu Tisch bringen.

Rote Linsensuppe

Soupe de Lentilles Corail

Für vier Personen
• *Vorbereitungszeit: 15 Minuten*
• *Garzeit: 30 Minuten*

200 g rote Linsen
2 EL gehackte Korianderzweiglein
1 EL ganzer Kümmel
1 Kaffeelöffel gemahlener Koriander
1 Kaffeelöffel gemahlene Kurkuma
50 g frischer Ingwer
1 frische Pfefferschote
2 EL Öl
Salz

Die köstlichen roten Linsen, zart und ohne Haut, sind die bevorzugten Hülsenfrüchte der indischen Küche.

1. Die Linsen waschen und in einen Topf geben. Mit 2 1/2 Litern Wasser bedecken. Den Ingwer schälen und durch die feine Trommel einer Küchenmaschine in den Topf reiben.
2. Die Paprikaschote waschen, vierteln und vom Stiel und den Kernen befreien. Mit dem Koriander und der Kurkuma in den Topf geben. Aufkochen lassen und etwa 20 Minuten unter häufigem Rühren köcheln lassen, bis die Linsen sehr zart sind. Gegen Ende der Garzeit salzen.
3. Wenn die Linsen gar sind, die Pfefferschote herausnehmen und die Linsen durch die feine Scheibe einer Gemüsemühle passieren. Die Suppe im Topf nochmals erhitzen.
4. Den Kümmel in eine trockene Pfanne mit glattem Boden geben und eine Minute erhitzen. Das Öl hinzufügen und den Kümmel einige Minuten unter Rühren Farbe annehmen lassen. Den Kümmel zur Suppe geben, umrühren und vom Feuer nehmen. Den Koriander hinzufügen und sofort zu Tisch bringen.

Weisse Bohnensuppe mit Speck

Soupe de Haricots Blancs au Lard

Für sechs Personen
• *Vorbereitungszeit: 15 Minuten*
• *Einweichzeit: 1 Stunde*
• *Garzeit: 2 1/2 Stunden*

500 g weiße Bohnen nach Wahl
1 Stück schwach gesalzener Speck (400 g)
2 Knoblauchzehen
1 Bouquet garni (1 Lorbeerblatt, 1 Zweiglein Thymian, 6 Zweiglein Petersilie)
2 EL Olivenöl
2 EL feingehackte Petersilie
Salz, Pfeffer

Durch den Speck wird diese Suppe zu einem echten Hauptgericht. Man kann auch eine geräucherte oder ungeräucherte Brühwurst hinzufügen, die man mehrmals mit einer Gabel einsticht, damit sie beim Garen nicht platzt. 30 Minuten in der Suppe mitziehen lassen, in Scheiben schneiden und mit dem zerpflückten Speck wieder hinzufügen.

1. Die Bohnen in eine große Schüssel geben und gut mit kaltem Wasser bedecken. Sechs Stunden einweichen.
2. Inzwischen den Speck fünf Minuten blanchieren, abtropfen lassen und überbrausen.
3. Nach der Einweichzeit die Bohnen abtropfen lassen und in einen Topf von vier Litern Inhalt geben. Das Speckstück, die mit der flachen Hand zerdrückten Knoblauchzehen, das Bouquet garni und einen Eßlöffel Olivenöl hinzugeben. Mit zwei Litern Wasser aufgießen und zudecken.
4. Den Topf auf sehr schwache Hitze setzen und etwa 2 1/2 Stunden köcheln lassen, bis die Bohnen sehr zart sind. Gegen Ende der Garzeit salzen.
5. Den Speck gegen Ende der Garzeit aus der Suppe nehmen und in einer Salatschüssel zerpflücken; die Schwarte in kleine Würfel schneiden. Das restliche Öl und die Petersilie hinzufügen und umrühren.
6. Den Speck zur Suppe geben, umrühren und heiß zu Tisch bringen.

▶ ***Reichen Sie zu dieser Suppe geröstetes und mit Knoblauch eingeriebenes Landbrot.***

Bunte Bohnensuppe mit knusprigem Schinken

Tout Haricot aux Deux Jambons Croustillants

Für sechs Personen
• *Vorbereitungszeit: 15 Minuten*
• *Einweichzeit: 6 Stunden*
• *Garzeit: 2 1/2 Stunden*
500 g gemischte Bohnen: weiß, rot, schwarz ...
1 Scheibe Rohschinken (100 g)
1 Scheibe Kochschinken (100 g)
2 Knoblauchzehen
1 Zweiglein Rosmarin
1 Zweiglein Salbei
1 Zweiglein Thymian
3 EL Olivenöl
Salz, Pfeffer

Die ideale Suppe, um gegen Ende des Winters die Reste an Hülsenfrüchten zu verarbeiten, bevor man einen neuen Vorrat für das nächste Jahr anlegt.

1. Alle Bohnen in eine große Schüssel geben und reichlich mit kaltem Wasser bedecken. Sechs Stunden einweichen.
2. Die Bohnen abtropfen lassen und in einen Topf von vier Litern Inhalt geben. Thymian, Salbei, Rosmarin und die mit der flachen Hand zerdrückten Knoblauchzehen dazugeben. Mit zwei Litern Wasser aufgießen und zudecken.
3. Den Topf auf eine sehr schwache Flamme setzen und die Bohnen in etwa 2 1/2 Stunden sehr zart kochen. Gegen Ende der Garzeit salzen.
4. Inzwischen die beiden Schinkenstücke in feine Streifen schneiden und in einer glatten Pfanne in einem Eßlöffel Olivenöl Farbe annehmen lassen. Auf Küchenkrepp abtropfen lassen.
5. Wenn die Suppe gar ist, Knoblauch, Thymian, Rosmarin und Salbei herausnehmen und das restliche Öl dazugeben. Umrühren und auf vorgewärmte Teller geben. Mit den knusprigen Speckstreifen bestreuen und sofort servieren.

Kohlsuppe mit weissen Bohnen

Soupe au Chou et aux Haricots Blancs

Für vier bis fünf Personen
• *Vorbereitungszeit: 15 Minuten*
• *Einweichzeit: 6 Stunden*
• *Garzeit: 2 1/2 Stunden*
1 Grünkohlherz
250 g weiße Bohnen (Lingots, Cocos oder Soissons)
1 1/2 l Geflügelfond (Seite 164)
100 g fester Schafskäse (Pecorino, Broccio, Pyrenäenkäse) oder Parmesan
1 Knoblauchzehe
2 EL Olivenöl
Salz, Pfeffer

Die Mischung von Kohl und getrockneten oder frischen Bohnen ergibt immer ein besonders aromatisches Gericht. Die Besonderheit dieses Rezepts ist der würzige und pikante Käse, der auf der heißen Suppe schmilzt.

1. Die Bohnen in eine große Schüssel geben und gut mit Wasser bedecken. Sechs Stunden einweichen.
2. Danach die Bohnen abtropfen lassen und in einen Topf von vier Litern Inhalt geben. Den Fond dazugießen und zudecken. Auf ein sehr schwaches Feuer setzen und eine Stunde köcheln lassen.
3. Inzwischen das Kohlherz vierteln und jedes Viertel in dicke Scheiben schneiden. Knoblauchzehen schälen und blättrig schneiden.
4. Wenn die Bohnen eine Stunde gegart haben, Kohl und Knoblauch in den Topf geben. Eine weitere Stunde köcheln lassen, bis alles Gemüse zart ist. Gegen Ende der Garzeit leicht salzen.
5. Inzwischen den Käse in der Küchenmaschine oder mit der Handreibe reiben.
6. Wenn die Suppe gar ist, in vorgewärmte Teller geben. Mit dem geriebenen Käse bestreuen, der auf der heißen Suppe rasch schmilzt, und mit Olivenöl überziehen. Mit Pfeffer abschmecken.

Rote Bohnensuppe

Soupe de Haricots Rouges

Für sechs Personen
• *Zubereitungszeit: 15 Minuten*
• *Einweichzeit: 6 Stunden*
• *Garzeit: 2 1/2 Stunden*
500 g rote Bohnen
200 g ungeräucherte Schweineschwarte
2 l Geflügelfond (Seite 164)
1 Lauchstange
1 Karotte
1 Zwiebel
1 zarte Selleriestange
2 Lorbeerblätter
4 EL feingehackte Petersilie
2 hartgekochte Eier
2 EL Olivenöl
Salz, Pfeffer

Diese Suppe ist von der amerikanischen Küche inspiriert, die rote Bohnen sehr liebt.

1. Die Bohnen in eine große Schüssel geben und gut mit kaltem Wasser bedecken. Sechs Stunden einweichen lassen.
2. Inzwischen die Schwarte rollen und binden. Zehn Minuten blanchieren, abtropfen lassen und abwaschen.
3. Lauch, Karotte und Zwiebeln schälen und mit dem Sellerie fein hacken.
4. Wenn die Bohnen sechs Stunden eingeweicht sind, abtropfen lassen. Das Öl in einem Topf von vier Litern Inhalt erhitzen und darin das gehackte Gemüse mit der Hälfte der Petersilie schmoren. Vom Feuer nehmen und Bohnen, Speckschwarte, Lorbeerblatt und Geflügelfond hinzufügen. Den Topf auf ein schwaches Feuer setzen, aufkochen lassen und zugedeckt 2 1/2 Stunden köcheln lassen.
5. Nach zwei Stunden der Garzeit den Speck herausnehmen und den Faden abnehmen. Den Speck fein würfeln. Die Eier schälen und grob hacken.
6. Wenn die Suppe gar ist, die Hälfte der Bohnen durch die feine Scheibe einer Gemüsemühle passieren und mit dem Speck wieder in den Topf geben. Umrühren und mit der restlichen Petersilie und dem feingehackten Ei bestreuen.
7. Heiß zu Tisch bringen.

Getreide

Bevor der Mensch Ackerbauer wurde, lebte er von den verschiedensten Arten von Getreide, das er sammelte und im Laufe der Zeit anzubauen, zu ernten und zu lagern lernte. Weil Weizen und Gerste schon vor 10000 Jahren in der Wildform in den Ebenen des Mittleren Orients wuchsen, wurden sie auch als erste kultiviert und zum Grundnahrungsmittel des Mittleren Orients und Chinas. Getreide ist für unsere Ernährung unverzichtbar, weil es reich an Fasern und Eiweißen ist. Das Getreidekorn enthält einen Keimling in einer schützenden Umhüllung, die wiederum von zwei Hüllen umgeben ist. Die erste, die Spelze, ist nicht zum Verzehr geeignet. Die zweite, die faserreiche Kleie, ist in Vollkornzubereitungen enthalten.

Die beiden wichtigsten Getreidearten sind Reis und Weizen. Der Reis, der für Escoffier «das beste und nahrhafteste Nahrungsmittel der Welt» war, wird in der ganzen Welt gegessen, sei er lang und körnig wie bei uns und in den Vereinigten Staaten, rund und mehr oder weniger klebrig wie in Italien oder Japan oder gewürzt wie in Indien oder China. Der Reis – *Oryza sativa* für die Botaniker, mit den beiden Varietäten *indica* (Langkornreis) und *japonica* (Rundkornreis) – wird in Asien seit über 7000 Jahren gegessen, und kein Asiate könnte ohne seine Schale Reis mindestens jeden zweiten Tag leben. Dieses außerordentlich vielseitige Getreide wird auf tausenderlei Art zubereitet: In Wasser, unter Dampf, als Pilaf (das heißt in Fett geröstet und anschließend mit Wasser oder Brühe abgelöscht), als Risotto und so weiter. Suppen verleiht er dank der Stärke, die er beim Garen abgibt, eine

unvergleichliche Konsistenz. Nichts mit dem Reis zu tun hat das Gras, das als «Wildreis» bezeichnet wird und mit dem Reis nur das äußere Aussehen gemeinsam hat.

Das zweite große Getreide, der Weizen, wird ganz, geschrotet, als Grieß oder Mehl verwendet. Aus ihm wird eines der am häufigsten gegessenen Nahrungsmittel zubereitet: Die Nudeln, deren Ursprung wohl niemals eindeutig aufgeklärt werden wird. Sind sie eine authentische Schöpfung des menschlichen Gehirns oder eine Nachahmung der Natur? Aus Asien stammt der auch bei uns angebaute Spaghettikürbis: Nach einer langen Garzeit in Wasser wird er halbiert und von den Kernen befreit. Das Fleisch fällt dann in langen Fäden heraus, die tatsächlich wie Spaghetti aussehen ... Waren Nudeln einer der ersten Exporte Marco Polos aus dem Orient in den Okzident? Die Italiener bestehen darauf, daß sie ihre ureigene Erfindung sind.

Es spielt letztlich keine Rolle. Wichtig ist, daß es eine Unzahl von Nudeln und noch mehr Zubereitungsarten gibt, von den einfachen Fadennudeln, die man in die Rinderbrühe gibt, bis zu den *Capelletti au bouillon*, die mit verschiedenen Farcen gefüllt sind. Getreide ist auch die Grundlage von Breien aus Mehl, Reis, Hafer, Hirse, Mais, Kichererbsen und Kastanien, die mit Milch, Wasser oder Brühe zubereitet und als Suppe oder – wie die italienische Polenta – zu Fleisch gegessen werden.

Weitere wichtige Getreidearten sind der Roggen, der vor allem in der Brotbäckerei geschätzt wird, Gerste als Flocken oder Graupen, Hafer und die süße, runde, goldgelbe und aromatische Hirse. Der Buchweizen schließlich wird zwar ebenfalls wie Getreide verwendet, gehört aber zu den Knöterichgewächsen.

Weizenschrotsuppe mit Pfefferminze

Soupe de Blé Concassé à la Menthe

Für sechs Personen
• *Vorbereitungszeit: 10 Minuten*
• *Garzeit: 1 Stunde*
300 g grober Weizenschrot
2 junge Knoblauchzehen
4 Zweiglein frische Pfefferminze
8 Blätter getrocknete Pfefferminze
1/2 Kaffeelöffel scharfer Paprika
1 Kaffeelöffel edelsüßer Paprika
2 EL Olivenöl
Salz

Wilder getrockneter Salbei verleiht dieser aus Marokko stammenden Suppe sein ganzes pfeffriges und pikantes Aroma.

1. Den Weizenschrot mehrmals waschen und abtropfen lassen. Die Knoblauchzehen schälen und fein hacken. Die frische Pfefferminze waschen und die Blätter fein hacken.
2. Das Öl in einem Topf von vier Liter Inhalt erhitzen und Knoblauch und Paprika hineingeben. Wenn der Knoblauch etwas Farbe angenommen hat, den Topf vom Feuer nehmen und den Schrot dazugeben. Mit dem heißen Öl vermischen und mit 1 1/2 Liter Wasser aufgießen. Den Topf wieder auf das Feuer setzen, Salz und zerriebene getrocknete Pfefferminze hinzugeben und zugedeckt eine Stunde köcheln lassen.
3. Am Ende der Garzeit die Suppe vom Feuer nehmen und die frische Pfefferminze hinzufügen. Sofort zu Tisch bringen.

Griess-Suppe

Soupe à la Semoule

Für vier Personen
• *Vorbereitungszeit: 10 Minuten*
• *Garzeit: 15 Minuten*
200 g mittlerer oder grober Weizengrieß
1 Kaffeelöffel gemahlener Kümmel
1 Kaffeelöffel edelsüßer Paprika
1/2 Kaffeelöffel scharfer Paprika
6 Blätter getrocknete Pfefferminze
2 junge Knoblauchzehen
2 EL Zitronensaft
2 EL Tomatenmark
2 EL Kapern in Essig
Zitronat von 1 Zitrone
1 Kaffeelöffel Zuckerraffinade
3 EL Olivenöl
Salz, Pfeffer

In Tunesien ist diese pikante und säuerliche Suppe das Gericht der «Ziegentage», der Tage großer Kälte, wenn ein kalter Wind aus Norden weht und man etwas Warmes braucht. Zu dieser Suppe gibt man getrocknetes Fleisch, das man mit den Gewürzen anbräunt.

1. Die Knoblauchzehen schälen und fein hacken. Das Öl in einem Topf von vier Litern Inhalt erhitzen und den Knoblauch darin Farbe annehmen lassen. Die gemahlenen Gewürze hinzufügen und alles eine Minute miteinander vermischen.
2. Das Tomatenmark in 1 1/2 Liter Wasser auflösen und in den Topf gießen. Aufkochen, Salz und Zucker hinzufügen und den Grieß einrieseln lassen. Vermischen und zehn Minuten unter häufigem Rühren kochen lassen.
3. Inzwischen das Zitronat in kleine Würfel schneiden. Die Kapern überbrausen, abtropfen lassen und nach zehn Minuten der Garzeit mit den getrockneten und zwischen den Fingern zerriebenen Pfefferminzblättern in den Topf geben. Weitere fünf Minuten köcheln lassen.
4. Wenn die Suppe gar ist, den Zitronensaft hineingeben, vermischen und sofort zu Tisch bringen.

Biersuppe

Soupe à la Bière et au Pain

Für sechs Personen
• *Vorbereitungszeit: 10 Minuten*
• *Garzeit: 30 Minuten*
1 1/2 l Geflügelfond (Seite 164) oder Fleischbrühe
33 cl helles Bier
200 g trockenes Brot (Weißbrot, Landbrot, Roggenbrot, Vollkornbrot)
200 g Zwiebeln
100 g Crème fraîche
2 EL feingehackte glatte Petersilie
25 g Butter
1/2 Kaffeelöffel Zuckerraffinade
6 Prisen Muskatnuß
Salz, Pfeffer

Ein Hauch Elsaß umgibt diese Variante der traditionellen Brotsuppe, die man in allen Regionen Frankreichs und wohl auch im ganzen übrigen Europa zubereitet.

1. Die Zwiebel schälen und fein hacken. Das Brot in der Küchenmaschine fein mahlen.
2. Die Butter in einem Topf von vier Litern Inhalt zerlassen und die Zwiebel darin mit Salz und Pfeffer leicht anbräunen. Mit Bier und Geflügelfond aufgießen. Aufkochen lassen, das gemahlene Brot hinzufügen und umrühren. 30 Minuten unter gelegentlichem Umrühren garen.
3. Wenn die Suppe gar ist, durch die feine Scheibe einer Gemüsemühle passieren und auf kleinem Feuer nochmals erhitzen. Petersilie, Muskatnuß und Crème fraîche hinzufügen, vermischen und heiß zu Tisch bringen.

▶ ***Der Geschmack dieser Suppe, die schon durch das Bier leicht bitter wird, hängt auch vom verwendeten Brot ab: Je mehr Hefe und Vollkorn das Brot enthält, desto bitterer wird die Suppe.***

Hafersuppe mit Joghurt und Pfefferminze

Soupe d'Avoine au Yaourt et à la Menthe

Für vier Personen
• *Vorbereitung und Garzeit: 10 Minuten*
200 g Haferflocken
300 g flüssiger Joghurt nature
3 EL feingehackte Pfefferminze
Abgeriebene Schale einer unbehandelten Zitrone
4 große neue Zwiebeln
3 EL Olivenöl
6 Prisen geriebene Muskatnuß
Salz, Pfeffer

Die Kombination von Getreide, Pfefferminze und Joghurt findet man im Mittleren Orient sehr häufig. Dieses Rezept ist von der armenischen Küche inspiriert.

1. Die Zwiebeln schälen, waschen und fein hacken. Das Öl in einer Pfanne mit glattem Boden erhitzen und die Zwiebeln darin Farbe annehmen lassen.
2. 500 ml Wasser zum Kochen bringen und die Haferflocken hineingeben. Salzen und unter häufigem Rühren fünf Minuten köcheln lassen. Vom Feuer nehmen und den Joghurt in dünnem Strahl unter ständigem Rühren hinzufügen. Zwiebeln, Pfeffer, Muskatnuß, Zitronenschale und Pfefferminze hinzugeben. Umrühren und heiß zu Tisch bringen.

▶ ***Zu diesem Gericht Fladenbrot (Pitta) reichen, das man im herkömmlichen Ofen oder in der Mikrowelle trocknet und nach Wahl leicht mit Knoblauch einreibt.***

DINKELSUPPE MIT SPECK

Soupe d'Épeautre à la Couenne

FÜR VIER PERSONEN
• *Vorbereitungszeit: 20 Minuten*
• *Garzeit: 3 Stunden*
200 g Dinkel
100 g ungeräucherte Schweineschwarte
100 g schwach gesalzener Bauchspeck
1 Zwiebel
1 Karotte
1 zarte Selleriestange
1 Knoblauchzehe
2 reife Tomaten
1 Lorbeerblatt
1 Zweiglein Thymian
2 Gewürznelken
2 EL Olivenöl
Salz, Pfeffer

Der mit dem Weizen eng verwandte Dinkel wird wegen seiner wertvollen Inhaltsstoffe immer mehr entdeckt. Die Italiener und Südfranzosen, die schon immer eine besondere Begabung fürs Kochen hatten, wissen dies allerdings schon lange.

1. Schwarte und Speck waschen. Die Schwarte rollen und binden. Die beiden Schweinestücke 20 Minuten blanchieren, überbrausen und abtropfen lassen. Die Schwarte in Scheiben schneiden (den Faden entfernen); den Bauchspeck in vier Stücke schneiden.
2. Die Zwiebel schälen und mit den Gewürznelken bestecken. Die Karotte schälen und mit der Selleriestange fein hacken. Die Tomaten zehn Sekunden blanchieren, mit kaltem Wasser überbrausen, schälen, von den Kernen befreien und das Fleisch fein hacken. Die Knoblauchzehe schälen und fein hacken.
3. Das Öl in einem Topf von vier Litern Inhalt erhitzen. Knoblauch, die fein gehackte Karotte und den fein gehackten Sellerie hineingeben und alles unter ständigem Rühren Farbe annehmen lassen. Leicht salzen und pfeffern. Die Tomaten hinzufügen und umrühren; den Dinkel hinzufügen und gut mit Wasser bedecken. Die Zwiebel mit der Schwarte und dem Bauchspeck, dem Lorbeerblatt und dem Thymian in den Topf geben. Aufkochen und zugedeckt 2 1/2 Stunden köcheln lassen. Während der Garzeit mehrmals umrühren.
4. Wenn die Suppe gar ist, Zwiebel, Thymian und Lorbeerblatt herausnehmen und heiß zu Tisch bringen.

▶ ***Reichen Sie hierzu geröstete Landbrotscheiben, die man mit Knoblauch eingerieben und ein wenig Olivenöl überzogen hat.***

GEFLÜGELFOND MIT GRÜNEN GNOCCHI

Consommé de Volaille aux Gnocchis Verts

FÜR SECHS PERSONEN
• *Vorbereitungszeit: 30 Minuten*
• *Garzeit: 5 Minuten*
1 l Geflügelfond (Seite 164)
Feingeriebener Parmesan
Für die Gnocchi:
500 g junger Spinat
350 g Ricotta
50 g feingeriebener Parmesan
3 Eier
Mehl
6 Prisen geriebene Muskatnuß
Salz, Pfeffer

Dies ist ein typisch toskanisches Gericht.

1. Den Spinat von den Stielen befreien. Waschen und noch feucht in einen Topf geben. Zugedeckt fünf Minuten bei starker Hitze «welken» lassen. Dann in einem Sieb gut abtropfen lassen und kräftig drücken, um alles Wasser herauszupressen. Mit dem Messer sehr fein hacken.
2. Die Ricotta mit einer Gabel zerdrücken. Eier, Parmesan, Muskatnuß, Salz und Pfeffer hinzufügen. Sorgfältig miteinander vermischen, den Spinat einarbeiten und soviel Mehl hinzufügen, daß ein fester Teig entsteht.
3. Zwischen den bemehlten Händen kleine Klößchen formen.
4. Den Fond in einem großen Topf zum Kochen bringen und leicht salzen. Die Gnocchi hineingeben und vier bis fünf Minuten garen, bis sie an die Oberfläche kommen. Sofort mit Parmesan bestreut zu Tisch bringen.

Tortellini-Suppe

Cappelletti au Bouillon

Für sechs Personen
• *Vorbereitungszeit: 30 Minuten*
• *Garzeit: 5 Minuten*
Für den Teig:
400 g Weizenmehl
4 Eier
1/2 Kaffeelöffel feines Meersalz
Für die Füllung:
400 g Ricotta oder frischer Schafmilchquark
100 g frisch geriebener Emmentaler
100 g fein geriebener Parmesan
Abgeriebene Schale einer unbehandelten Zitrone
2 Eier
8 Prisen geriebene Muskatnuß
Salz, Pfeffer
Zum Servieren:
1 l Brühe (Geflügelfond oder Rinderbouillon)
Fein geriebener Parmesan
Fein gehackter Schnittlauch

Diese Käsefüllung ist typisch italienisch. Man kann diese Tortellini auch einfach mit zerlassener Butter oder an einer frisch zubereiteten Tomatensauce reichen.

1. Zubereitung des Teigs: Das Mehl auf eine Arbeitsfläche sieben. In der Mitte eine Vertiefung machen, das Salz hineingeben und die Eier hineinschlagen. Mit den Fingerspitzen vermischen und kneten, bis sich der Teig von den Fingern löst. Zu einer Kugel formen und mindestens eine halbe Stunde an einem kühlen Ort ruhen lassen.
2. Zubereitung der Füllung: Die Ricotta mit einer Gabel zerdrücken. Emmentaler und Parmesan, abgeriebene Zitronenschale, Muskatnuß, Salz und Pfeffer hinzufügen. Alles gut miteinander vermischen.
3. Den kühl gestellten Teig so dünn wie möglich ausrollen. Mit einem Messer oder einem Teigrädchen in Vierecke von sieben Zentimetern Seitenlänge schneiden. Ein Häufchen der Füllung in die Mitte eines jeden Teigvierecks geben. Die Ränder des Teigs mit einem Teigpinsel leicht befeuchten und den Teig diagonal über die Füllung schlagen. Die Ränder zusammendrücken und jedes Dreieck so um den Zeigefinger wickeln, daß sich die Ecken der Grundlinie des Dreiecks überlappen.
4. Die Brühe in einem großen Topf zum Kochen bringen und leicht salzen. Die Tortellini hineingeben und eine bis zwei Minuten garen, bis sie an die Oberfläche kommen. Sofort mit Schnittlauch bestreut zu Tisch bringen. Bei Tisch mit Pfeffer und Parmesan würzen.

Schottische Hafersuppe

Crème d'Avoine à l'Écossaise

Für vier Personen
• *Vorbereitungszeit: 10 Minuten*
• *Garzeit: 30 Minuten*
100 g Haferflocken
500 ml Geflügelfond (Seite 164)
250 ml Milch
100 g Crème fraîche
100 g Zwiebeln
1 EL feingehackte glatte Petersilie
25 g Butter
Salz, Pfeffer

Die Schotten lieben Haferflocken: Ihr berühmter Porridge, der nach einer strengen Regel zubereitet und gegessen wird, ist ein Nationalgericht. Daneben verwendet man Hafer in Schottland aber auch zur Zubereitung von Suppen, zum Einhüllen von Fisch und Fleisch vor dem Backen und zum Bestreuen von Gerichten, die im Rohr gratiniert werden.

1. Zwiebeln schälen und fein hacken. Die Butter in einem Topf zerlassen und darin die Zwiebeln bei schwacher Hitze unter ständigem Rühren Farbe annehmen lassen. Die Haferflocken, Salz und Pfeffer hinzufügen und zwei Minuten vermischen. Mit dem Fond aufgießen; aufkochen lassen und zugedeckt weitere 30 Minuten garen.
2. Am Ende der Garzeit den Inhalt des Topfs in die Küchenmaschine geben und die Milch einarbeiten.
3. Die Hafersuppe in den Topf zurückgeben und auf schwachem Feuer nochmals erhitzen. Petersilie, Crème fraîche und Muskatnuß hinzufügen und sofort zu Tisch bringen.

Maissuppe

Soupe de Gaudes

Für vier Personen
• *Vorbereitungszeit: 10 Minuten*
• *Garzeit: 15 Minuten*
250 g vorgegartes Maismehl
250 ml Milch
Salz
Zum Servieren:
100 g Crème fraîche
Croûtons
Zerstoßener Pfeffer

Die Gaudes sind eine Spezialität der Franche-Comté und des Lyonnais. Das Wort könnte auf das lateinische gaudeamus («laßt uns fröhlich sein») oder – wahrscheinlicher – auf Gaudes zurückgehen, die Pflanze Färberwau. Die Suppe wird mit Maismehl zubereitet, wie es auch die Italiener für ihre berühmte Polenta verwenden, die sie traditionell eine Stunde bei schwacher Hitze unter unaufhörlichem Rühren garen ... wenn das Mehl nicht schon vorgegart ist!

1. Das Maismehl in einem Topf in einem halben Liter Wasser auflösen. Salzen und aufkochen lassen. Etwa zehn Minuten unter häufigem Umrühren kochen. Die Milch unter ständigem Rühren hinzufügen, so daß die Suppe je nach Geschmack mehr oder weniger flüssig wird.
2. Die Suppe vom Feuer nehmen und auf vier vorgewärmte Teller geben. Die Crème fraîche hinzufügen und mit den Croûtons garnieren. Bei Tisch mit zerstoßenem Pfeffer würzen.

AGVOLEMONO-SUPPE

Soupe Agvolemono

FÜR VIER PERSONEN
• *Vorbereitungszeit: 15 Minuten*
• *Garzeit: 1 Stunde*

1 1/2 l Geflügelfond (Seite 164)
4 EL Rundkornreis
4 EL Zitronensaft
2 Eigelb
4 EL feingehacktes Korianderkraut
Salz, Pfeffer

Die Sauce mit Eiern und Zitrone ist eine griechische Spezialität, die ebenso gut zu Gemüse wie zu einfachem in Wasser gegartem Reis paßt. Diese Suppe kann auch kalt gegessen werden; in diesem Fall den Koriander zur kaltgestellten Suppe geben. Statt Koriander kann man auch fein gehackte Pfefferminze nehmen.

1. Den Geflügelfond in einen großen Topf geben und aufkochen lassen. Den Reis hineingeben und in etwa 20 Minuten zart kochen.
2. Den Koriander hinzufügen und weitere drei Minuten garen. Mit Salz und Pfeffer abschmecken.
3. Inzwischen die Eigelb und den Zitronensaft in einer Schüssel miteinander verschlagen. Unter ständigem Schlagen einen kleinen Schöpflöffel des Fonds hinzufügen.
4. Wenn der Reis gar ist, den Inhalt der Schüssel unter ständigem Rühren in den Topf geben. Fünf Minuten leise ziehen lassen – aber nicht kochen lassen – bis die Suppe gebunden ist.
5. Die Suppe in eine Terrine geben und sofort zu Tisch bringen. Bei Tisch pfeffern.

RIEWELESUPPE

Soupe aux Riewele

FÜR VIER PERSONEN
• *Vorbereitungszeit: 20 Minuten*
• *Garzeit: 10 Minuten*

1 l Geflügelfond (Seite 164) oder Rinderbouillon
100 g Crème fraîche
1 Eigelb
2 EL feingehackte gemischte Kräuter (Petersilie, Kerbel, Schnittlauch und so weiter)
Für die Einlage:
150 g Mehl
2 Eier
3 Prisen Muskatnuß
Salz, Pfeffer

Riewele sind kleine, frische, hausgemachte Suppennudeln, die im ganzen Elsaß gegessen werden.

1. Zubereitung der Nudeln: Das Mehl in eine Schüssel sieben, in der Mitte eine Vertiefung machen und Eier, Salz, Pfeffer und Muskatnuß hineingeben. Zu einem geschmeidigen Teig verkneten, bis er sich von den Fingern löst. Zwischen den Handballen zu sehr kleinen Klößchen von etwa eineinhalb Zentimetern Länge formen. Auf einem Tuch ausbreiten.
2. Den Fond in einen großen Topf gießen und aufkochen lassen. Die Nudeln hineingeben und acht bis zehn Minuten garen, bis sie zart sind.
3. Inzwischen die Crème fraîche und das Eigelb schlagen. Wenn die Nudeln gar sind, ein wenig von der Kochflüssigkeit in die Eimischung geben und das Ganze in den Topf gießen. Die Suppe auf sehr schwacher Hitze leise ziehen lassen, bis sie dicklich wird. Vom Feuer nehmen, die Kräuter hinzufügen und servieren.

Reissuppe mit Petersilie

Soupe de Riz au Persil

Für vier Personen
• *Vorbereitungszeit: 10 Minuten*
• *Garzeit: 30 Minuten*

200 g Risottoreis (Arborio oder Vialone)
250 ml Geflügelfond
4 EL feingehackte Petersilie
50 g fein geriebener Parmesan
25 g Butter
Muskatnuß
Salz, Pfeffer

Für dieses typische Mailänder Gericht braucht man den köstlichen italienischen Reis, der in der Poebene wächst. Dieser weder lange noch runde Reis ist ideal für die Zubereitung italienischer Risottos, für die der Reis in Butter angeröstet, mit einer fetten Brühe aufgegossen und mit Butter und Parmesan vollendet wird.

1. Die Brühe in eine große Kasserolle geben und aufkochen lassen. Den Reis hineingeben und in etwa 20 Minuten zart kochen.
2. Wenn der Reis gar ist, die Petersilie in den Topf geben, umrühren und vom Feuer nehmen. Butter und Parmesan unterziehen. Mit Pfeffer und Muskatnuß abschmekken und heiß zu Tisch bringen.

Reissuppe mit Lauch

Soupe de Riz aux Poireaux

Für vier Personen
• *Vorbereitungszeit: 20 Minuten*
• *Garzeit: 1 Stunde*

200 g Risottoreis (Arborio oder Vialone)
200 g zarte Lauchstangen (weißer und grüner Teil)
25 g schwach gesalzener Speck
100 g Kartoffeln
2 Lorbeerblätter
2 Knoblauchzehen
100 g Schmelzkäse (Fontina, Groviera)
50 g fein geriebener Parmesan
50 g Butter
8 Prisen geriebene Muskatnuß
Salz, Pfeffer

Die Ursprünge dieser Suppe, die von den Lauch- und Knoblauchbauern von Asti in der Ebene des Tanaro zubereitet wird, reichen bis ins Mittelalter zurück. Interessant ist hier die doppelte Zubereitung des Lauchs, die jeweils einen anderen Geschmack ergibt, einmal angebräunt und einmal gekocht.

1. Die Lauchstangen waschen und fein hacken. Den Speck fein hacken. Die Kartoffeln schälen und halbieren.
2. Die Hälfte der Butter in einem Topf von vier Litern Inhalt zerlassen. Die Hälfte des Lauchs hineingeben und unter ständigem Umrühren Farbe annehmen lassen. Speck, Lorbeerblätter, die mit der flachen Hand zerdrückten Knoblauchzehen hineingeben und alles miteinander vermischen. Zugedeckt etwa 20 Minuten bei schwacher Hitze schmoren.
3. Die Kartoffeln und den restlichen Lauch in den Topf geben. Umrühren und mit 1 1/2 Liter kaltem Wasser aufgießen. Zum Kochen bringen und den Reis einrieseln lassen. Salz, Pfeffer und Muskatnuß hinzufügen und zugedeckt 30 Minuten garen.
4. Inzwischen den Käse in 1 1/2 cm große Würfel schneiden.
5. Wenn die Suppe gar ist, Knoblauch und Lorbeerblatt herausnehmen. Die Kartoffeln herausnehmen und mit der Gabel zerdrücken. Wieder in die Suppe geben und diese damit binden. Die Käsewürfel in den Topf geben, vermischen und die restliche Butter und den Parmesan hinzufügen. Umrühren und heiß im Topf servieren.

Reissuppe mit Geflügelleber

Soupe de Riz aux Foies de Volaille

Für vier Personen
• *Vorbereitungszeit: 10 Minuten*
• *Garzeit: 30 Minuten*

1 l Geflügelfond (Seite 164)
200 g Risottoreis (Arborio oder Vialone)
6 Geflügellebern
2 EL feingehackte glatte Petersilie
50 g Parmesan, feingerieben
25 g Butter
Salz, Pfeffer

Dies ist die Hochzeitssuppe der Bauern der Lombardei in der Poebene. Man verwendet dort einen sehr alten und würzigen Käse aus der Region, und der Reis wird oft durch dünne, hausgemachte gebrochene Bandnudeln ersetzt.

1. Den Fond in eine große Kasserolle gießen und aufkochen lassen. Den Reis hineingeben und in etwa 20 Minuten garkochen.
2. Inzwischen die Geflügellebern putzen und in große Würfel schneiden. Mit Salz, Pfeffer und Muskatnuß in der Butter anbräunen.
3. Wenn der Reis gar ist, die Petersilie in den Topf geben, umrühren und vom Feuer nehmen. Die Geflügellebern und den Parmesan hinzufügen. Vermischen. Heiß zu Tisch bringen. Bei Tisch pfeffern.

SUPPE MIT JAKOBSMUSCHELN, CHAMPAGNER UND SÜDFRÜCHTEN

Soupe de Saint-Jacques au Champagne et Agrumes

FÜR VIER PERSONEN
• *Vorbereitungszeit: 20 Minuten*
• *Garzeit: 45 Minuten*

12 große Jakobsmuscheln
200 g Lauch (das Weiße der Stangen)
200 g Sellerie, 100 g Karotten
2 dünne Scheiben unbehandelte Orangen
3 dünne Scheiben unbehandelte Zitronen
4 Zweiglein frischer Koriander
zerstoßener Pfeffer

Für die Court-bouillon:
250 ml Champagne brut
1 Schalotte, 2 Knoblauchzehen
Sternanis, Muskatblüte
1 Gewürznelke, 1 Paprikaschote, 1 Kaffeelöffel verschiedenfarbiger Pfeffer
2 Scheiben frischer Ingwer
6 zarte Selleriestangen
1 Zweiglein Thymian
1 Zweiglein getrockneter Fenchel
1 Zweiglein Petersilie
4 Prisen grobes Meersalz

Die milden Jakobsmuscheln verbinden sich ganz hervorragend mit dem pikanten Geschmack des Champagners und der Südfrüchte.

1. Die Zutaten der Court-bouillon in einen Edelstahltopf geben. Einen halben Liter Wasser hinzufügen und aufkochen lassen. 15 Minuten zugedeckt köcheln lassen.
2. Inzwischen die Karotten schälen und unter fließendem Wasser abwaschen, ebenso das Weiße der Lauchstangen und den Sellerie. Dieses Gemüse fein reiben.
3. Die Jakobsmuscheln waschen und quer in zwei Scheiben schneiden. Die Orangen- und Zitronenscheiben vierteln.
4. Wenn die Court-bouillon fertig ist, in einen Edelstahltopf filtrieren. Den Topf auf ein starkes Feuer setzen, aufkochen lassen und das Gemüse in die Court-bouillon geben. Zugedeckt zehn Minuten leise köcheln lassen. Dann die Jakobsmuscheln und die Orangen-und Zitronenscheiben hinzufügen. Zugedeckt weitere fünf Minuten leise köcheln lassen.
5. Die Jakobsmuscheln und das Gemüse auf vier tiefe Teller verteilen. Die Court-bouillon darübergeben, mit Korianderzweiglein garnieren und sofort zu Tisch bringen. Mit Pfeffer würzen.

SEEIGELSUPPE

Velouté d'Oursin

FÜR VIER PERSONEN
• *Vorbereitungszeit: 20 Minuten*
• *Garzeit: 15 Minuten*

16 große violette Seeigel
1 l Schaltiere-Fumet
100 g Crème fraîche
Salz, Pfeffer

Zum Servieren:
24 dünne Scheiben geröstetes Stangenbrot *(ficelle)*

Bei dieser Suppe bleibt das köstliche Jod-Aroma der Seeigel erhalten, die nur erhitzt und nicht gekocht werden.

1. Die Seeigel öffnen und den Inhalt über einem Sieb ausgießen. Das rote Mark herausnehmen und die 24 schönsten Stücke aufbewahren. Die Flüssigkeit beiseite stellen.
2. Die Crème fraîche, die Flüssigkeit der Seeigel und die restlichen roten Teile zu einer kräftig roten Crème vermischen.
3. Den Fumet in einen Topf gießen und zum Kochen bringen. Acht bis zehn Minuten bei starker Hitze zu sirupartiger Konsistenz einkochen. Vom Feuer nehmen, die rote Crème dazuschlagen und nochmals knapp erhitzen. Mit Salz und Pfeffer abschmecken.
4. Das geröstete Brot mit den beiseite gestellten roten Teilen garnieren und auf Teller verteilen. Mit der Seeigel-Velouté überziehen und sofort servieren.

KRABBEN-SPARGEL-SUPPE

Potage au Crabe et aux Asperges

FÜR VIER PERSONEN
• *Vorbereitungszeit und Garzeit: 15 Minuten*
750 ml Geflügelfond (Seite 164)
200 g gegartes Krabbenfleisch, z. B. vom Taschenkrebs
100 g frische Erbsen oder Tiefkühlware
2 Eier
Salz, Pfeffer
Zum Servieren:
Sojasauce oder Nuoc mam
feingehackter Schnittlauch

Diese asiatisch inspirierte Suppe ist im Handumdrehen fertig. Man kann zusätzlich zu den jungen Erbsen einige dünne grüne Spargelspitzen hinzufügen. Wie erstere behalten sie hier einen ganz zarten «Biß», der einen perfekten Gegensatz zu der mit den Eiern gebundenen Suppengrundlage bildet.

1. Das Krabbenfleisch zerpflücken. Die Eier mit Salz und Pfeffer in einer Schüssel verschlagen.
2. Den Fond in einen großen Topf geben und aufkochen lassen. Die jungen Erbsen hinzufügen. Wenn die Flüssigkeit wieder zu kochen beginnt, das Krebsfleisch hinzufügen, umrühren und die geschlagenen Eier in dünnem Strahl zur Suppe gießen. Zwei Minuten rühren und vom Feuer nehmen.
3. Sofort mit gehacktem Schnittlauch servieren. Bei Tisch mit einigen Tropfen Sojasauce oder Nuoc mam abschmecken.

MUSCHELSUPPE MIT LAUCH UND KARTOFFELN

Soupe de Moules Poireaux-Pommes de terre

FÜR VIER PERSONEN
• *Vorbereitungszeit: 30 Minuten*
• *Garzeit: 40 Minuten*
1 kg Pfahlmuscheln
300 g Lauch (das Weiße und das zarte Grün)
500 g Kartoffeln
4 Zweiglein Kerbel
1 EL Zitronensaft
1 EL Olivenöl
25 g Butter
Salz, Pfeffer

Eine Suppe, die die Früchte des Landes und diejenigen des Meeres perfekt miteinander kombiniert: Die etwas fade Mischung von Kartoffeln und Lauch wird durch die Muscheln mit ihrem ausgeprägten Jodgeschmack perfekt gesteigert.

1. Die Muscheln abbürsten, waschen, entbarten und in einen Topf geben. Zugedeckt auf ein starkes Feuer setzen. Wenn sich die Muscheln nach fünf Minuten geöffnet haben, den Topf vom Feuer nehmen.
2. Den Kerbel fein hacken. Die Kartoffeln schälen und mit dem Lauch waschen. Den Lauch schräg in Scheiben, die Kartoffeln in kleine Würfel schneiden.
3. Lauch und Kartoffeln in einen vier Liter fassenden Topf geben und das Olivenöl hinzufügen. Drei Minuten auf sehr schwachem Feuer rühren, dann mit einem Liter Wasser aufgießen. Leicht salzen, umrühren und zugedeckt bei schwacher Hitze 25 Minuten garen.
4. Am Ende der Garzeit die Hälfte der Lauch-Kartoffeln-Mischung im Mixer pürieren und dieses Püree in den Topf geben. Das restliche Gemüse, den Zitronensaft, Butter und Kerbel dazugeben. Pfeffern.
5. Die Muscheln bis auf achtzehn Stück aus der Schale nehmen und auf vier tiefe Teller verteilen.
6. Die Kochflüssigkeit der Muscheln in den Topf filtrieren. Den Inhalt des Topfs kurz aufwallen lassen und über die Muscheln gießen. Sofort zu Tisch bringen.

MUSCHELSUPPE MIT SAUTERNES UND BOURBON-SAFRAN

Soupe de Palourdes au Sauternes et au Safran Bourbon

FÜR VIER PERSONEN
• *Vorbereitungszeit: 5 Minuten*
• *Ruhezeit: 30 Minuten*
• *Garzeit: 5 Minuten*
1 kg mittlere Muscheln (Teppichmuscheln, palourdes)
100 ml Tomatensaft
100 ml Sauternes
6 Prisen Bourbon-Safran
2 Prisen Paprika
1 EL feingehackte glatte Petersilie
20 g Butter
3 EL grobes Meersalz
Pfeffer

Bourbon-Safran stammt von der Insel Réunion. Es handelt sich um ein Pulver, eine Mischung aus grob zerkleinerten Kurkuma-Wurzeln und Kräutern der Insel.

1. Die Muscheln mehrmals gut waschen, bis das letzte Wasser klar bleibt. Anschließend 30 Minuten im klaren Wasser liegen lassen, dem man grobes Salz hinzugefügt hat, um sie vom Sand zu befreien.
2. Die Muscheln abtropfen lassen und in eine Pfanne von 26 cm Durchmesser geben. Zugedeckt drei Minuten erhitzen und prüfen, ob sich alle Muscheln geöffnet haben. Wenn dies nicht der Fall ist, weiter erhitzen.
3. Wenn sich die Muscheln geöffnet haben, mit einem Schaumlöffel aus der Pfanne heben. In einem Topf warmstellen. Die Kochflüssigkeit auf die Hälfte reduzieren. Tomatensaft, Sauternes, Safran und Paprika hinzufügen. Eine Minute kochen lassen, pfeffern und die Butter mit dem Schneebesen dazuschlagen.
4. Die Petersilie in den Topf geben, anschließend die Muscheln wieder dazugeben. 30 Sekunden nacherwärmen, vorsichtig umrühren und sofort zu Tisch bringen.

Austerncremesuppe

Soupe d'Huîtres à la Crème

Für vier Personen
• *Vorbereitungszeit: 30 Minuten*
• *Garzeit: 15 Minuten*
36 Austern *Spéciales No. 2*
500 ml Geflügelfond (Seite 164)
100 ml Flüssigkeit von Teppichmuscheln
200 ml Sahne
1 Kaffeelöffel Zitronensaft
1/2 Kaffeelöffel Stärkemehl (Arrowroot)
2 Kerbelzweiglein
Pfeffer

Austern waren schon seit Urzeiten bekannt und wurden zweifellos in Fischereigegenden roh gegessen. Aufgrund der Schwierigkeiten bei der Haltbarmachung und beim Transport wurden sie jedoch bald gesalzen, geräuchert und getrocknet, wie dies auch heute noch in der asiatischen Küche geschieht.

1. Die Austern über einer Schüssel öffnen und aus den Schalen nehmen. Die dabei ablaufende Flüssigkeit aufbewahren. Die Austern nach und nach in ein Sieb über der Schüssel geben. 30 Minuten ruhen lassen und alle Flüssigkeit der Austern in einen Topf filtrieren.
2. Das Stärkemehl in der Hälfte des Geflügelfonds auflösen. Den Rest in den Topf geben und aufkochen lassen. Den mit dem Stärkemehl vermischten Fond dazugießen und zehn Minuten unter ständigem Rühren leise köcheln lassen, bis man eine sämige Suppe erhält.
3. Die 24 schönsten Austern beiseite stellen. Die übrigen in die Suppe geben, nochmals aufkochen lassen und nach einer Kochzeit von einer Minute vom Feuer nehmen. Die Suppe im Mixer pürieren und über der Kasserolle filtrieren. Nochmals aufkochen und die Sahne und den Zitronensaft hinzufügen. Eine Minute kochen.
4. Die Austern auf vier warme Teller verteilen und mit der siedenden Suppe überziehen, so daß sie durch die Hitze der Suppe gar werden. Pfeffern, mit dem abgezupften Kerbel bestreuen und sofort zu Tisch bringen.

▶ ***Die Flüssigkeit der Teppichmuscheln besitzt ein ganz köstliches Aroma und ist eine hervorragende Ergänzung zu allen Gerichten mit Fisch oder Meeresfrüchten. Wenn man die palourdes zum Öffnen bringt, entlassen sie sofort sehr viel Flüssigkeit. Lassen Sie diese sich absetzen und frieren Sie sie dann in Eiswürfelbeuteln ein. Aus den Teppichmuscheln, die man nature zubereitet, kann man einen köstlichen Salat herstellen.***

Muschelsuppe mit Tomaten

Soupe de Coquillages à la Tomate

Für vier Personen
• *Vorbereitungszeit: 30 Minuten*
• *Garzeit: 10 Minuten*
2 kg gemischte Muscheln (Miesmuscheln, Teppichmuscheln, Kammuscheln, Herzmuscheln)
1 kg Tomaten, 1 Pfefferschote
2 junge Knoblauchzehen
2 EL feingehackte glatte Petersilie
1 Kaffeelöffel Origano
2 EL Olivenöl, Salz, Pfeffer

Die Muschelmischung verleiht dieser Sommersuppe ihr ganz besonderes Aroma.

1. Die Muscheln mehrmals waschen und abtropfen lassen. In einen gußeisernen Topf geben und unter ständigem Rühren auf mittlerem Feuer erhitzen, bis sie sich öffnen. In einem Sieb über einer Schüssel abtropfen lassen. Die Kochflüssigkeit sich setzen lassen. Die Muscheln aus den Schalen nehmen.
2. Die Tomaten zehn Sekunden blanchieren, kalt überbrausen, schälen und das Fleisch fein hacken. Die Knoblauchzehen schälen.
3. Das Olivenöl und das Fleisch der Tomate in eine Pfanne von 26 cm Durchmesser geben und Origano, zerstoßene Pfefferschote und die gepreßte Knoblauchzehe hinzugeben. Die Muschelflüssigkeit hineinfiltrieren und alles zum Kochen bringen. Auf die Hälfte einkochen, so daß man ein dickliches Püree erhält. Die Muscheln wieder in die Pfanne geben und auf schwacher Hitze nacherhitzen. Mit Petersilie bestreuen. Heiß zu Tisch bringen. Dazu mit Knoblauch eingeriebene Croûtons reichen. Diese Suppe ist auch lauwarm oder kalt vorzüglich.

SAFRAN-MUSCHELSUPPE

Velouté de Moules Safrané

FÜR VIER PERSONEN
• *Vorbereitungszeit: 30 Minuten*
• *Garzeit: 5 Minuten*

2 kg Pfahlmuscheln
400 ml trockener Weißwein (Muscadet oder Gros plat)
150 g Crème fraîche
3 Eigelb
3 Frühlingszwiebeln
1 Zweiglein Thymian
1 Lorbeerblatt
6 Zweiglein Petersilie
6 Prisen Safranfäden
25 g Butter

Eine Version der Mouclade der Charente, für die statt des üblichen Curry Safran verwendet wird.

1. Die Muscheln abbürsten, waschen, entbarten und in ein Sieb geben. Die Schalotten schälen und fein hacken.
2. Den Wein in einen großen Topf gießen. Thymian, Lorbeerblatt und Petersilie zwischen den Fingern zerreiben und hinzufügen. Den Topf auf ein starkes Feuer setzen. Aufkochen lassen, die Muscheln in den Topf geben und mit einem Schaumlöffel umrühren. Wenn sie sich öffnen, mit dem Schaumlöffel herausnehmen und in einer Schüssel beiseite stellen.
3. Die Kochflüssigkeit der Muscheln auf starkem Feuer auf die Hälfte reduzieren und über einer Schüssel abfiltrieren.
4. Inzwischen die Butter in einer Kasserolle zerlassen und darin die Schalotten Farbe annehmen lassen. Die Muschelflüssigkeit und den Safran hinzufügen und eine Minute kochen. Den Inhalt der Kasserolle in den Topf filtrieren, in dem die Muscheln gegart wurden, und zwei Drittel der Crème fraîche hinzufügen. Eine Minute kochen lassen.
5. Die Eigelb mit der restlichen Crème fraîche in einer Schüssel verschlagen. Zwei Eßlöffel des Inhalts des Topfs in die Schüssel geben, schlagen und das Ganze wieder in den Topf geben. Die Muscheln hinzufügen und unter Rühren eine Minute auf sehr schwachem Feuer erhitzen; die Sauce darf nicht kochen.
6. Die Suppe in tiefe vorgewärmte Teller geben und sofort zu Tisch bringen.

MUSCHELSUPPE MIT CIDRE

Soupe de Moules au Cidre

FÜR VIER PERSONEN
• *Vorbereitungszeit: 30 Minuten*
• *Garzeit: 30 Minuten*

1 1/2 kg Pfahlmuscheln
200 g Lauch (das Weiße und zartes Grün)
4 zarte Selleriestangen
300 ml Cidre *brut*
300 ml Milch
1 gestrichener Kaffeelöffel Stärkemehl (Arrowroot)
50 g Crème fraîche
1 EL feingehackter Kerbel
25 g Butter
Pfeffer

Cidre, sei er aus der Bretagne oder der Normandie, ergibt eine ideale Kombination mit Muscheln. Er setzt einen sauren und fruchtigen Akzent, der das würzige, intensive Aroma der Muscheln bändigen kann.

1. Die Muscheln abbürsten, waschen, entbarten und in einen Topf geben. Zugedeckt auf ein starkes Feuer setzen. Nach fünf Minuten sollen sich die Muscheln geöffnet haben. Vom Feuer nehmen und mit einem Schaumlöffel herausnehmen. In eine Schüssel geben und die Kochflüssigkeit sich setzen lassen.
2. Das Weiße der Lauchstangen schräg in dünne Scheiben schneiden. Die Selleriestangen feinblättrig schneiden. Die beiden Gemüse in einen vier Liter fassenden Topf geben und die Butter hinzufügen. Auf schwacher Hitze Farbe annehmen lassen, den Cidre hinzugeben und zehn Minuten leise ziehen lassen.
3. Das Stärkemehl in der Milch auflösen und nach der zehnminütigen Garzeit in den Topf gießen. Wieder aufkochen lassen und unter ständigem Rühren weitere zwei Minuten kochen lassen, bis die Flüssigkeit bindet. Die Crème fraîche und die Muschelflüssigkeit hineinfiltrieren und umrühren. Die Muscheln hinzufügen und eine Minute bei schwacher Hitze nochmals erhitzen.
4. Die Suppe mit Kerbel bestreuen und sofort servieren.

Fisch

An allen Küsten Frankreichs und der Welt gibt es Fischsuppen, die in den Küchen der Fischer in unnachahmlicher Weise aus Fisch zubereitet wird, der nur noch in geringen Mengen gefangen wird und fast nicht mehr auf den Markt kommt. Die spektakulärste ist zweifellos die Bouillabaisse, die eine ganze eigene Folklore umgibt. Auf ein Bett von Gewürzkräutern (Thymian, Petersilie, Fenchel, Lorbeer), Knoblauch, Zwiebeln und in Olivenöl angebräunten Tomaten werden festfleischiger Fisch und zuletzt Krustentiere gelegt. Dies wird traditionell mit dem Wasser der Huveaune besprengt (der Fluß, der durch Marseille fließt … und leider oft trocken ist). Das Ganze wird fünf Minuten gegart, bevor die zarteren Fische hinzugefügt werden. Noch weitere fünf Minuten Garzeit im Toupin, dem Steinguttopf, der auf einer Kohlenglut steht, und die Suppe kann auf Brotscheiben gegessen werden. Nicht vergessen werden darf die Rouille dazu: Ein Aufstrich aus mit einer Pfefferschote zerstoßenem Knoblauch und Semmelbröseln, die in Olivenöl und Bouillon eingeweicht und «montiert» werden. Das wahre Geheimnis der Bouillabaisse aber ist der

Fisch. Die Felsenküste um Marseille ist reich an Fischen mit wohlklingenden Namen: Lou roun (Glattbutt), lou boudroi (Seeteufel), lou bogo (Gelbstrieme), lou gournau (Knurrhahn), lou mujo (Meeräsche), lou damisello («Fräuleinfisch»), und nicht zu vergessen lou bel uei («Schönauge»), eine Meerbrasse. Von den Meeresfrüchten sind zu nennen lou favouio (Schwimmkrabbe) und lou fiou pelan (eine kleine, behaarte rote Krabbe, die beim Kochen noch röter wird), aus der sich köstliche Suppen und Fonds zubereiten lassen.

Jeder Küstenstrich hat seine eigenen Bräuche und seine Suppen. So kann man «kleine» regionale Suppen entdecken: Den Revesset, eine Suppe, die in Toulon auf der Grundlage von Fisch und Mangold zubereitet wird, die Soupe à la poutina (Fischbrut) aus Nizza, die bretonische Godaille. Vergessen wir auch nicht die Fischsuppen von Süßwasserfischen, für die die Köstlichkeiten unserer Wasserläufe verwendet werden: Aal, Hecht, Schleie, Barsch, Karpfen, Forelle …

Japanische Goldbrassensuppe

Soupe Japonaise à la Daurade

Für sechs Personen
• *Vorbereitungszeit: 10 Minuten*
• *Garzeit: 1 Stunde*
10 g Kombu-Alge
20 g Katsuoboshi-Späne (getrockneter Bonito)
Zum Servieren:
Eine kleine Goldbrasse (500 g)
Das Weiße einer Lauchstange
Eine grüne Zitrone

In Japan gibt es drei Arten von Suppen: Die klare und aromatische Suimono, die zur Einleitung einer Mahlzeit gereicht wird, die Misoshiru-Suppe, die mit Sojapaste aromatisiert ist – dem Miso – und Suppen, die eine Hauptmahlzeit bilden und Fleisch oder Meeresfrüchte, Gemüse oder Nudeln enthalten. Sie werden stets mit einer Brühe zubereitet, dem Dashi-Jiru, dessen Grundlage Algen und getrockneter Fisch sind.

1. Die Alge mit einem feuchten Tuch reinigen und in dicke Streifen schneiden. Einen Liter Wasser in einen Topf gießen und die Alge hinzufügen. Aufkochen und zehn Minuten leise köcheln lassen. Die Alge herausnehmen.
2. Den Topf auf ein starkes Feuer setzen, aufkochen lassen und die Bonito-Späne hinzufügen. Sofort wieder vom Feuer nehmen, da die Brühe sonst zu kräftig oder sogar ein wenig bitter wird. Ruhen lassen, bis sich die Flocken am Boden der Kasserolle absetzen. Dann die Bouillon durch ein Feinsieb filtrieren.
3. Beim Fischhändler die Goldbrasse ausnehmen, schuppen und in 3 cm dicke Stücke schneiden lassen. Waschen und trockenreiben. Das Weiße der Lauchstange in 5 cm lange Stücke und dann in Streifen schneiden. Die grüne Zitrone vierteln.
4. Die Brühe in einen Topf geben und auf schwacher Hitze zum Kochen bringen. Wenn sie zu sieden beginnt, die Fischstücke hineingeben und vier Minuten blanchieren. Den Lauch hinzufügen und eine weitere Minute ziehen lassen.
5. Die Suppe in japanische Schalen oder tiefe Teller gießen und heiß, mit einem Zitronenviertel garniert, zu Tisch bringen.

▶ ***Die Algen und die Bonito-Späne gibt es in japanischen Spezialitätenläden oder im Feinkostgeschäft. Diese Zutaten sind bei uns kaum bekannt, aber sehr praktisch zu verarbeiten.***

Sardellensuppe

Soupe d'Anchois

Für vier Personen
• *Vorbereitungszeit: 30 Minuten*
• *Garzeit: 35 Minuten*
1 kg frische Sardellen (Anchovis)
1 große Zwiebel
Das Herz eines Staudenselleries
6 Zweiglein Petersilie
1 Karotte
1 kleine rote Paprikaschote
100 ml Tomatensauce
100 ml trockener Weißwein
4 EL Olivenöl
Salz, Pfeffer

In Ligurien, der Küstenregion im italienischen Nordwesten, ißt man Suppenspezialitäten, die mit frischen und ganz preiswerten Zutaten wie zum Beispiel den köstlichen Sardellen zubereitet werden.

1. Die Sardellen köpfen, ausnehmen, waschen und trockenreiben. Die Petersilie waschen und von den Stielen befreien und mit dem Sellerieherz fein hacken. Die Karotten schälen und mit der Paprikaschote hacken. Die Zwiebel schälen und fein hacken.
2. Das Öl in einem vier Liter fassenden Topf erhitzen und darin die Zwiebel Farbe annehmen lassen. Petersilie und Sellerie hinzufügen und eine Minute rühren. Karotte und Paprikaschote hinzufügen und eine weitere Minute mischen, bis alles gut angebräunt ist. Mit der Tomatensauce und dem Wein aufgießen und die Flüssigkeit bei starker Hitze verdunsten lassen.
3. Die Sardellen hinzufügen und im Gemüsefond wenden. Mit einem Liter heißem Wasser aufgießen, salzen und zehn Minuten unter Rühren garen, ohne die Fische auseinanderfallen zu lassen. Während der Garzeit salzen und pfeffern. Mit geröstetem Brot heiß zu Tisch bringen.

Marseiller Fischsuppe

Soupe de Poissons à la Marseillaise

Für sechs Personen
• *Vorbereitungszeit: 45 Minuten*
• *Garzeit: 40 Minuten*

1 1/2 kg gemischte kleine Fische von der Felsenküste
500 g reife Tomaten
Das Weiße einer Lauchstange
1 große Zwiebel
1 kleine grüne Paprikaschote
4 Knoblauchzehen
2 Lorbeerblätter
1 Zweiglein getrockneter Thymian
4 Zweiglein getrockneter Fenchel
3 Zweiglein Petersilie
4 Prisen Safran
4 EL Olivenöl
Salz, Pfeffer

Für die Rouille:
4 Prisen Safran
2 rote frische Pfefferschoten
3 Knoblauchzehen
1 Schnitte Weißbrot (100 g)
200 ml fruchtiges Olivenöl
1/2 Kaffeelöffel grobes Meersalz

Zum Servieren:
Geröstetes Brot
Reibkäse

Ganz Marseille duftet nach dieser herrlichen Suppe, in der Safran und Fenchel die unbestrittene Hauptrolle spielen – neben dem Fisch natürlich, den man in Marseille stets «de roche» («vom Felsen») und ganz frisch kauft. Man kann Fadennudeln dazugeben, die in der durchpassierten Suppe im letzten Augenblick mitziehen, und man kann die Rouille mit Salzkartoffeln statt mit Weißbrot zubereiten.

1. Die Fische schuppen, ausnehmen, waschen und trockenreiben. Die Tomaten waschen und vierteln. Die Zwiebel schälen und fein hacken. Das Weiße der Lauchstange waschen und in feine Scheiben schneiden. Die Knoblauchzehen schälen und grob hacken. Die Paprikaschote waschen, vierteln und vom Stiel, den Kernen und den weißen Rippen befreien; das Fruchtfleisch in feine Streifen schneiden.
2. Das Öl in einem sechs Liter fassenden Topf erhitzen und Zwiebel, Knoblauch, Lauchstange und Paprikaschote hineingeben. Zwei Minuten auf schwacher Hitze vermischen, dann Tomaten, Fenchel, Lorbeerblatt, Safran, Petersilie und Fisch hinzufügen. Zwei Minuten umrühren, dann zudecken und zehn Minuten bei schwacher Hitze garen. Mit zwei Litern kochendem Wasser aufgießen, zudecken und weitere 20 Minuten bei schwacher Hitze garen.
3. Zubereitung der Rouille: Die Knoblauchzehen schälen und grob hacken. Die Pfefferschoten waschen und halbieren; von den Kernen und vom Stiel befreien und das Fruchtfleisch grob hacken. Mit Knoblauch, Safran und grobem Salz in einen Mixbecher geben. Zu cremiger Konsistenz verarbeiten. Das zerpflückte Brot hinzufügen und nochmals pürieren. Bei laufendem Mixer das Öl in dünnem Strahl dazugeben, bis man eine dicke und aromatische rote Sauce erhält.
4. Wenn die Suppe gar ist, durch ein Sieb geben und kräftig drücken, um allen Saft aus den Fischen herauszupressen. Den Topf ausspülen und die Suppe durch ein Haarsieb wieder hineingeben. Auf schwachem Feuer nochmals erhitzen.
5. Die Suppe in eine Terrine geben und sofort mit der Rouille und geriebenem Käse zu Tisch bringen. Die Suppe mit Käse bestreuen und die mit der Rouille garnierten gerösteten Brotscheiben hineingeben.

Fischsuppe nach Art der Charentes

Chaudrée

Für sechs Personen
• *Vorbereitungszeit: 30 Minuten*
• *Garzeit: 20 Minuten*
2 kg gemischter Fisch (Rochen, Seeaal, Katzenhai, Steinbutt, Seezunge)
500 g Tintenfischkörper *(Seiches)*
400 g Zwiebeln
8 Knoblauchzehen
500 ml trockener Weißwein
100 g Butter
Salz, Pfeffer

Die Chaudrée ist die Suppe der Charentes, wie die Bouillabaisse die Suppe der Provence ist. Sie enthält stets Tintenfischkörper und Butter, die am Ende der Garzeit hinzugefügt wird und der Suppe das ganz spezielle sämige Aroma verleiht.

1. Bitten Sie Ihren Fischhändler, die Fische zu schuppen, zu köpfen und auszunehmen. Die größeren Fische in 4 cm große Stücke schneiden, die übrigen ganz lassen und alle Fische waschen und abtrocknen. Die Tintenfischkörper waschen, trocken reiben und in 2 cm breite Ringe oder Streifen schneiden. Salzen und pfeffern. Die Zwiebeln schälen und fein hacken. Die Knoblauchzehen schälen.
2. Die Tintenfische in einen sechs Liter fassenden gußeisernen Topf geben und auf schwache Hitze setzen. Mit einem Holzlöffel umrühren, bis sie alle Flüssigkeit abgegeben haben. Dann Zwiebeln und Knoblauchzehen hinzufügen und rühren, bis alle Flüssigkeit verkocht ist. Das Öl dazugeben und rühren, bis alles Farbe angenommen hat. Dann mit gleichen Teilen Weißwein und Wasser aufgießen und zum Kochen bringen.
3. Die Fischstücke in die köchelnde Flüssigkeit geben. Mit dem festeren Fleisch beginnen (Rochen, Aal, Haifisch) und anschließend das weichere Fleisch hinzufügen (Seezunge, Steinbutt), wobei man die Flüssigkeit jeweils wieder aufkochen läßt. Salzen, pfeffern und 15 Minuten köcheln lassen.
4. Dann die restliche Butter in den Topf geben und zerlassen. Sofort im Topf zu Tisch bringen. Die Fischstücke servieren und mit ein wenig Sud übergossen genießen.

▶ ***Dazu Croûtons reichen.***

Schellfischsuppe mit Kokosmilch

Soupe de Haddock au Lait de Coco

Für vier Personen
• *Vorbereitungszeit: 15 Minuten*
• *Ruhezeit: 1 Stunde*
500 g Schellfischfilets
200 ml Kokosmilch
2 Schalotten
1 frische Pfefferschote
4 Prisen Curry
2 EL feingehackte Korianderzweiglein
2 EL geriebene Kokosnuß
2 grüne Zitronen

Eine schnelle asiatische Suppe, deren besonderer Reiz der rohe Schellfisch ist.

1. Die Schellfischfilets mit der Hautseite auf ein Brett legen. In sehr feine Scheiben schneiden, wobei man die Messerklinge fast parallel zum Brett führt, so daß man feine Fischscheiben erhält und die Haut unverletzt bleibt. Die Schellfischscheiben in einen Topf geben.
2. Die grünen Zitronen halbieren, vier Scheiben davon beiseite stellen und den Rest auspressen. Den Saft über den Schellfisch gießen. Die Pfefferschote waschen, halbieren und von den Kernen befreien; das Fleisch in feine Streifen schneiden und mit dem Curry in den Topf geben. Vermischen und eine Stunde an einem kühlen Ort ziehen lassen.
3. Danach die Schalotten schälen, waschen und mit dem grünen Teil schräg in Scheiben schneiden. Die Knoblauchzehe schälen und über einem zweiten Topf durchpressen. Die Kokosmilch und zwei Eßlöffel der Schellfischmarinade hinzufügen. Gut miteinander vermischen.
4. Den Schellfisch abtropfen lassen und in die Kokosmilch geben. Die Suppe auf vier Teller verteilen. Die beiseite gestellten Zitronenscheiben vierteln und damit die Teller garnieren. Mit der Schalotte, dem Koriander und der geriebenen Kokosnuß bestreuen. Sofort zu Tisch bringen.

▶ ***Reichen Sie dazu knuspriges, gegrilltes Stangenbrot.***

Matrosensuppe mit Riesling

Matelote au Riesling

Für sechs Personen
• *Vorbereitungszeit: 30 Minuten*
• *Garzeit: 45 Minuten*
2 kg Süßwasserfisch (Aal, Hecht, Schleie, Barsch, Forelle)
500 ml Riesling
2 Karotten
2 Lauchstangen
2 Zwiebeln
1 Bouquet garni (1 Zweiglein Thymian, 1 Lorbeerblatt, 6 Zweiglein Petersilie, 2 Zweiglein Estragon)
200 g Crème fraîche
3 Eigelb
4 Prisen geriebene Muskatnuß
Salz, Pfeffer

Eine Elsässer Suppe, zu der man Spätzle mit zerlassener Butter ißt.

1. Bitten Sie Ihren Fischhändler, die Fische zu schuppen, zu köpfen, auszunehmen und Ihnen die Köpfe und die Gräten mitzugeben. Schneiden Sie die größten Fische in 4 cm große Stücke.
2. Karotten und Lauch schälen, waschen und in Scheiben schneiden. Die Zwiebeln schälen und fein hacken. Das Bouquet garni binden. Alles Gemüse in einen großen Topf geben und die Fischköpfe und -gräten, Bouquet garni, den Wein und dieselbe Menge Wasser, Muskatnuß, Salz und Pfeffer hinzufügen. Aufkochen lassen und 20 Minuten köcheln lassen.
3. Dann den Sud über einem Topf filtrieren. Aufkochen lassen und die Fische in der Reihenfolge Aal, Hecht, Schleie, Barsch und Forelle hineingeben und jeweils warten, bis der Sud wieder aufkocht. 25 Minuten köcheln lassen. Vom Feuer nehmen, den Fisch herausheben und abtropfen lassen. In einem tiefen Teller warmstellen.
4. Den Fischsud auf die Hälfte einkochen. Die Eigelb mit der Crème fraîche in einer Schüssel verschlagen.
5. Zwei Eßlöffel Sud in die Schüssel geben und weiter schlagen. Diese Mischung unter ständigem Schlagen abseits vom Feuer in den Topf geben, bis die Suppe bindet. Die Fischstücke mit dieser sämigen Sauce überziehen und sofort zu Tisch bringen.

Sardinensuppe

Soupe de Sardines

Für vier Personen
• *Vorbereitungszeit: 30 Minuten*
• *Garzeit: 45 Minuten*
1 kg sehr frische Sardinen
250 g Kartoffeln
200 g Zwiebeln
40 g schwach gesalzene Butter
75 g Crème fraîche
2 EL gehackte glatte Petersilie
Salz, Pfeffer

Diese ganz einfache und köstliche Suppe wird an der ganzen bretonischen Küste gegessen.

1. Die Sardinen schuppen, köpfen und die Filets abnehmen. Die Kartoffeln schälen und in kleine Würfel schneiden. Die Zwiebeln schälen und fein hacken.
2. Die Butter in einem vier Liter fassenden Topf zerlassen und die Zwiebeln hinzufügen. Auf schwachem Feuer Farbe annehmen lassen, die Kartoffeln hinzufügen und zwei Minuten rühren. Mit einem Liter Wasser aufgießen, aufkochen lassen und etwa 15 Minuten garen.
3. Dann die Sardinenfilets in den Topf geben, umrühren und weitere 15 Minuten garen. Während der Garzeit salzen und pfeffern.
4. Wenn die Suppe gar ist, durch die mittlere Scheibe einer Gemüsemühle passieren. Wieder in den Topf geben, nochmals erhitzen und die Crème fraîche hinzufügen. Die Petersilie dazugeben, umrühren und zu Tisch bringen.

▶ ***Reichen Sie hierzu geröstete Landbrotscheiben.***

Baskische Fischsuppe

Ttoro

Für sechs Personen
• *Vorbereitungszeit: 30 Minuten*
• *Garzeit: 1 Stunde*
1 Kohlfisch (1 kg)
2 Drachenköpfe, je 500 g
2 Knurrhähne, je 500 g
500 g Seeteufel (Schwanzstück)
6 rohe Scampi
1 kg Muscheln
250 g reife Tomaten
500 ml trockener Weißwein
1 große Zwiebel
2 Pfefferschoten
1 Lorbeerblatt
1 Zweiglein Thymian
2 Knoblauchzehen
Espelette-Paprika nach Geschmack
100 ml fruchtiges Olivenöl
Salz, Pfeffer

Im Baskenland, in dem kleinen Hafen Ciboure, entstand diese Suppe, die zu Unrecht mit der Bouillabaisse verglichen wurde. Unverzichtbare Zutat ist der tiefrote, pikante und aromatische Espelette-Paprika, der frisch, getrocknet, ganz oder gemahlen verkauft wird.

1. Bitten Sie Ihren Fischhändler, die Fische zu schuppen, zu köpfen, auszunehmen und Ihnen die Köpfe und die Gräten mitzugeben. Schneiden Sie die Fische in 4 cm große Stücke, den Seeteufel in 2 cm große Stücke.
2. Die Muscheln abbürsten, entbarten, mehrmals in frischem Wasser waschen und abtropfen lassen. Die Scampi waschen. Die Zwiebeln schälen und fein hacken. Die Knoblauchzehen schälen und in der Mitte durchschneiden. Die Pfefferschoten waschen, halbieren, von den Kernen befreien und das Fleisch hacken. Die Tomaten waschen und grob hacken.
3. Die Hälfte des Öls in einem sechs Liter fassenden Topf erhitzen. Die Köpfe und Gräten der Fische hinzufügen und fünf Minuten auf schwacher Hitze rühren. Knoblauch, Pfefferschoten und Zwiebel hinzufügen und weitere fünf Minuten rühren, bis das Gemüse Farbe angenommen hat. Tomaten, Thymian und Lorbeer hinzufügen. Eine Minute rühren, dann mit dem Weißwein aufgießen. 45 Minuten leise köcheln lassen. Während der Garzeit Salz, Pfeffer und Espelette-Paprika hinzufügen.
4. Die Zubereitung in eine tiefe feuerfeste Form filtrieren.
5. Ofen auf 225 Grad/Gas Stufe 7 vorheizen. Das restliche Öl in einer Pfanne erhitzen. Die Fische drei Minuten an allen Seiten anbraten, abtropfen lassen und in die Form geben. Die Scampi und die Muscheln dazugeben und die Form in den Ofen schieben. Fünf Minuten garen, bis der Fond wieder heiß ist und die Scampi und die Muscheln gar sind.
6. Die Form aus dem Ofen nehmen und den Fisch in der Form heiß servieren. Dazu mit Knoblauch eingeriebene Croûtons reichen.

Provenzalischer Fischeintopf

Bourride

Für sechs Personen
• *Vorbereitungszeit: 30 Minuten*
• *Garzeit: 30 Minuten*

2 kg gemischter weißer Fisch (Seeteufel, Seewolf, Sankt-Peterfisch, Steinbutt)
500 ml trockener Weißwein
1 mittlere Karotte
1 Zwiebel (100 g)
Das Weiße von zwei jungen Lauchstangen
1 Bouquet garni (1 Lorbeerblatt, 1 Zweiglein Thymian, 1 Zweiglein getrockneter Fenchel, 6 Petersilienstengel, 1 Band getrocknete Orangenschale)
6 Knoblauchzehen
Salz, Pfeffer

Für die Sauce:
3 Knoblauchzehen
2 Eigelb
1 Kaffeelöffel weißer Senf
250 ml Olivenöl extra vergine
Salz

Zum Servieren:
Geröstete Weißbrotscheiben, zum Beispiel vom Stangenbrot
Knoblauch

Die Bourride ist zweifellos weniger berühmt als die Bouillabaisse, aber nichtsdestoweniger einer der Glanzpunkte der provenzalischen Küche. Sie sollte nicht mit der Bourride à la sétoise verwechselt werden, die in dem Hafenstädtchen Sète zubereitet wird, ein Seeteufel-Gericht, dessen reduzierte Sauce mit Aïoli gebunden wird.

1. Bitten Sie Ihren Fischhändler, die Fische zu schuppen, zu köpfen, auszunehmen und Ihnen die Köpfe und die Gräten mitzugeben. Schneiden Sie die Fische in 4 cm große Stücke.
2. Karotte, Zwiebel und Lauch schälen. Karotte und Lauch waschen und alles grob hacken. Das Bouquet garni binden. Die Knoblauchzehen schälen.
3. Köpfe und Gräten der Fische in einen großen Topf geben. Karotte, Zwiebel, Lauch, Knoblauch und Bouquet garni hinzufügen. Mit dem Wein und 750 ml Wasser aufgießen, aufkochen lassen, salzen, pfeffern und 20 Minuten leise köcheln lassen.
4. Inzwischen die Knoblauchzehen schälen und den Knoblauch über einer wenig bauchigen Schüssel durchpressen. Senf, die Eigelb und ein wenig Salz hinzufügen. Alles miteinander vermischen und eine Minute ruhen lassen. Dann das Öl in feinem Strahl unter ständigem Rühren hinzugeben, bis man eine sehr feste Masse erhält, den Aïoli, der die Sauce binden wird.
5. Wenn der Fond gar ist, über einem Topf filtrieren. Auf schwacher Hitze zum Kochen bringen und die Fische hineingeben. Zehn Minuten zugedeckt leise köcheln lassen.
6. Wenn der Fisch gar ist, aus dem Topf nehmen und in einer Terrine warm stellen. Abseits vom Feuer die Hälfte des Aïoli in den Topf geben und vermischen. Die Fischstücke mit der Sauce überziehen und sofort zu Tisch bringen. Reichen Sie dazu mit Knoblauch eingeriebenes und mit dem Rest des Aïoli bestrichenes geröstetes Brot.

Caldeirada mit Fisch und Muscheln

Caldeirada Poissons-coquillages

Für sechs Personen
• *Vorbereitungszeit: 45 Minuten*
• *Garzeit: 20 Minuten*

500 g mehlige Kartoffeln
250 ml trockener Weißwein
30 Muscheln (Teppichmuscheln)
400 g Kabeljaufilet
400 g Seeteufelfilet
200 g kleine Tintenfische
6 Scampi
2 große Zwiebeln
1 kleine grüne Paprikaschote
1 großer Strauß frischer Koriander
3 Lorbeerblätter
4 Knoblauchzehen
6 EL Olivenöl
Pfeffer

Die Caldeirada ist eine überaus beliebte portugiesische Suppe, die jedoch je nach Angebot und Region unterschiedlich ausfällt. Die Grundlage sind stets Meeresfrüchte und Kartoffeln, wobei sie manchmal auch mit nur einer einzigen Art Fisch oder Muscheln zubereitet wird. Während man sie im Norden mit Safran würzt, zieht man im Süden frischen Koriander vor. In Lissabon wiederum gibt es eine Caldeirada a fragateira, die die ganze Fülle der Fische, Weichtiere und Muscheln der Tejo-Mündung enthält, aber keine Kartoffeln und Tomaten; ihr Name kommt von fragatas, den Segelschiffen, die Lissabon regelmäßig anliefen.

1. Die Muscheln mehrmals in frischem Wasser waschen und abtropfen lassen. Die Scampi waschen. Die Fischfilets waschen, in sechs Stücke schneiden und trockenreiben. Die Tintenfische waschen und ausnehmen, indem man an den Tentakeln zieht. Die Eingeweide wegwerfen und den Kopf über den Augen abschneiden; den Schwanzkegel in 2 cm breite Ringe schneiden und die Fangarme ganz lassen.
2. Die Zwiebeln schälen und in sehr feine Scheiben schneiden. Die Paprikaschote waschen, halbieren und den Stiel, die Kerne und die weißen Rippen entfernen; in dünne halbrunde Stücke schneiden. Die Knoblauchzehe schälen und in feine Scheiben schneiden. Die Korianderzweiglein waschen, die Stengel wegwerfen und die Blätter fein hacken. Die Kartoffeln schälen, waschen und in 2 mm dicke Scheiben schneiden.
3. Das Öl in einen vier Liter fassenden gußeisernen oder Tontopf gießen. Zwiebeln, Muscheln, Paprikaschoten, Tintenfische, Seeteufel und Kabeljau in aufeinanderfolgenden Lagen hineingeben. Mit Koriander, Knoblauch und Lorbeerblatt bestreuen und mit Kartoffeln bedecken. Jede Schicht pfeffern. Die Scampi darauflegen, mit dem Wein beträufeln und den Topf zudecken. Auf ein starkes Feuer setzen, die Hitze reduzieren und 20 Minuten leise ziehen lassen, bis die Kartoffeln gar sind, aber noch etwas «Biß» haben. Im Topf zu Tisch bringen.

▶ *Reichen Sie dazu in Distelöl geröstete Brotscheiben.*

Katalonischer Fischeintopf

Zarzuela

Für sechs Personen
• *Vorbereitungszeit: 30 Minuten*
• *Garzeit: 30 Minuten*

1 Seeteufel (Endstück) (500 g)
1 Goldbrasse (500 g)
1 Drachenkopf (550 g)
250 g Tintenfisch
300 g Shrimps (Krevetten)
500 g Miesmuscheln
500 g reife Tomaten
200 g Zwiebeln
3 Knoblauchzehen
6 EL Olivenöl
1/2 Kaffeelöffel Paprika
1/2 Kaffeelöffel Safran
6 geschälte Mandeln
2 Lorbeerblätter
4 Zweiglein Petersilie
200 ml trockener Weißwein
Salz, Pfeffer

Dieses «Singspiel» – nichts anderes bedeutet «Zarzuela» – ist eine Spezialität der katalanischen Küche. Das Gericht enthält stets Mandeln, Safran und Paprikaschoten, während man den Fisch und die Meeresfrüchte je nach Angebot variieren kann. Man kann auch Hummer oder Langusten und Jakobsmuscheln hinzufügen.

1. Bitten Sie Ihren Fischhändler, die Fische zu schuppen, auszunehmen und in 4 cm große Stücke zu schneiden. Die Tintenfische waschen und ausnehmen, indem man an den Tentakeln zieht. Die Eingeweide wegwerfen und den Kopf über den Augen abschneiden; den Schwanzkegel in 1 cm breite Ringe schneiden. Die Scampi waschen und trockenreiben. Die Muscheln abbürsten, entbarten, überbrausen und abtropfen lassen.
2. Die Tomaten zehn Sekunden blanchieren. Kalt überbrausen, schälen, halbieren und von den Kernen befreien; das Fleisch grob hacken. Zwiebel und Knoblauch schälen und fein hacken. Die Mandeln durch die feine Trommel einer Küchenmaschine drehen.
3. Das Öl in einem vier Liter fassenden Topf erhitzen. Die gehackten Zwiebeln und den Knoblauch hinzugeben und drei Minuten auf schwacher Hitze rühren. Mandeln, Safran und Paprikaschote hinzufügen, salzen und pfeffern und eine Minute vermischen. Tomaten, Lorbeerblätter und Petersilie hinzufügen und mit dem Wein aufgießen. Den Wein bei starker Hitze verkochen lassen.
4. Die Tintenfische in den Topf geben. Drachenkopf, Seeteufel und Goldbrasse hinzufügen. Mit Wasser bedecken und den Topf auf ein starkes Feuer setzen. Aufkochen lassen, zudecken und fünf Minuten leise köcheln lassen. Dann die Scampi hinzufügen und weitere drei Minuten zugedeckt garen. Zuletzt die Muscheln in den Topf geben und drei Minuten garen, bis sie sich öffnen.
5. Fisch und Muscheln aus dem Topf nehmen und in einer Terrine anrichten. Die Kochflüssigkeit fünf Minuten bei starker Hitze reduzieren und in die Terrine gießen. Lorbeerblatt und Petersilie entfernen. Sofort zu Tisch bringen.

Provenzalischer Fischeintopf

Bourride

Für sechs Personen
• *Vorbereitungszeit: 30 Minuten*
• *Garzeit: 30 Minuten*

2 kg gemischter weißer Fisch (Seeteufel, Seewolf, Sankt-Peterfisch, Steinbutt)
500 ml trockener Weißwein
1 mittlere Karotte
1 Zwiebel (100 g)
Das Weiße von zwei jungen Lauchstangen
1 Bouquet garni (1 Lorbeerblatt, 1 Zweiglein Thymian, 1 Zweiglein getrockneter Fenchel, 6 Petersilienstengel, 1 Band getrocknete Orangenschale)
6 Knoblauchzehen
Salz, Pfeffer

Für die Sauce:
3 Knoblauchzehen
2 Eigelb
1 Kaffeelöffel weißer Senf
250 ml Olivenöl extra vergine
Salz

Zum Servieren:
Geröstete Weißbrotscheiben, zum Beispiel vom Stangenbrot
Knoblauch

Die Bourride ist zweifellos weniger berühmt als die Bouillabaisse, aber nichtsdestoweniger einer der Glanzpunkte der provenzalischen Küche. Sie sollte nicht mit der Bourride à la sétoise verwechselt werden, die in dem Hafenstädtchen Sète zubereitet wird, ein Seeteufel-Gericht, dessen reduzierte Sauce mit Aïoli gebunden wird.

1. Bitten Sie Ihren Fischhändler, die Fische zu schuppen, zu köpfen, auszunehmen und Ihnen die Köpfe und die Gräten mitzugeben. Schneiden Sie die Fische in 4 cm große Stücke.
2. Karotte, Zwiebel und Lauch schälen. Karotte und Lauch waschen und alles grob hacken. Das Bouquet garni binden. Die Knoblauchzehen schälen.
3. Köpfe und Gräten der Fische in einen großen Topf geben. Karotte, Zwiebel, Lauch, Knoblauch und Bouquet garni hinzufügen. Mit dem Wein und 750 ml Wasser aufgießen, aufkochen lassen, salzen, pfeffern und 20 Minuten leise köcheln lassen.
4. Inzwischen die Knoblauchzehen schälen und den Knoblauch über einer wenig bauchigen Schüssel durchpressen. Senf, die Eigelb und ein wenig Salz hinzufügen. Alles miteinander vermischen und eine Minute ruhen lassen. Dann das Öl in feinem Strahl unter ständigem Rühren hinzugeben, bis man eine sehr feste Masse erhält, den Aïoli, der die Sauce binden wird.
5. Wenn der Fond gar ist, über einem Topf filtrieren. Auf schwacher Hitze zum Kochen bringen und die Fische hineingeben. Zehn Minuten zugedeckt leise köcheln lassen.
6. Wenn der Fisch gar ist, aus dem Topf nehmen und in einer Terrine warm stellen. Abseits vom Feuer die Hälfte des Aïoli in den Topf geben und vermischen. Die Fischstücke mit der Sauce überziehen und sofort zu Tisch bringen. Reichen Sie dazu mit Knoblauch eingeriebenes und mit dem Rest des Aïoli bestrichenes geröstetes Brot.

Sardinensuppe

Soupe de Sardines

Für vier Personen
• *Vorbereitungszeit: 30 Minuten*
• *Garzeit: 45 Minuten*
1 kg sehr frische Sardinen
250 g Kartoffeln
200 g Zwiebeln
40 g schwach gesalzene Butter
75 g Crème fraîche
2 EL gehackte glatte Petersilie
Salz, Pfeffer

Diese ganz einfache und köstliche Suppe wird an der ganzen bretonischen Küste gegessen.

1. Die Sardinen schuppen, köpfen und die Filets abnehmen. Die Kartoffeln schälen und in kleine Würfel schneiden. Die Zwiebeln schälen und fein hacken.
2. Die Butter in einem vier Liter fassenden Topf zerlassen und die Zwiebeln hinzufügen. Auf schwachem Feuer Farbe annehmen lassen, die Kartoffeln hinzufügen und zwei Minuten rühren. Mit einem Liter Wasser aufgießen, aufkochen lassen und etwa 15 Minuten garen.
3. Dann die Sardinenfilets in den Topf geben, umrühren und weitere 15 Minuten garen. Während der Garzeit salzen und pfeffern.
4. Wenn die Suppe gar ist, durch die mittlere Scheibe einer Gemüsemühle passieren. Wieder in den Topf geben, nochmals erhitzen und die Crème fraîche hinzufügen. Die Petersilie dazugeben, umrühren und zu Tisch bringen.

▶ ***Reichen Sie hierzu geröstete Landbrotscheiben.***

Baskische Fischsuppe

Ttoro

Für sechs Personen
• *Vorbereitungszeit: 30 Minuten*
• *Garzeit: 1 Stunde*
1 Kohlfisch (1 kg)
2 Drachenköpfe, je 500 g
2 Knurrhähne, je 500 g
500 g Seeteufel (Schwanzstück)
6 rohe Scampi
1 kg Muscheln
250 g reife Tomaten
500 ml trockener Weißwein
1 große Zwiebel
2 Pfefferschoten
1 Lorbeerblatt
1 Zweiglein Thymian
2 Knoblauchzehen
Espelette-Paprika nach Geschmack
100 ml fruchtiges Olivenöl
Salz, Pfeffer

Im Baskenland, in dem kleinen Hafen Ciboure, entstand diese Suppe, die zu Unrecht mit der Bouillabaisse verglichen wurde. Unverzichtbare Zutat ist der tiefrote, pikante und aromatische Espelette-Paprika, der frisch, getrocknet, ganz oder gemahlen verkauft wird.

1. Bitten Sie Ihren Fischhändler, die Fische zu schuppen, zu köpfen, auszunehmen und Ihnen die Köpfe und die Gräten mitzugeben. Schneiden Sie die Fische in 4 cm große Stücke, den Seeteufel in 2 cm große Stücke.
2. Die Muscheln abbürsten, entbarten, mehrmals in frischem Wasser waschen und abtropfen lassen. Die Scampi waschen. Die Zwiebeln schälen und fein hacken. Die Knoblauchzehen schälen und in der Mitte durchschneiden. Die Pfefferschoten waschen, halbieren, von den Kernen befreien und das Fleisch hacken. Die Tomaten waschen und grob hacken.
3. Die Hälfte des Öls in einem sechs Liter fassenden Topf erhitzen. Die Köpfe und Gräten der Fische hinzufügen und fünf Minuten auf schwacher Hitze rühren. Knoblauch, Pfefferschoten und Zwiebel hinzufügen und weitere fünf Minuten rühren, bis das Gemüse Farbe angenommen hat. Tomaten, Thymian und Lorbeer hinzufügen. Eine Minute rühren, dann mit dem Weißwein aufgießen. 45 Minuten leise köcheln lassen. Während der Garzeit Salz, Pfeffer und Espelette-Paprika hinzufügen.
4. Die Zubereitung in eine tiefe feuerfeste Form filtrieren.
5. Ofen auf 225 Grad/Gas Stufe 7 vorheizen. Das restliche Öl in einer Pfanne erhitzen. Die Fische drei Minuten an allen Seiten anbraten, abtropfen lassen und in die Form geben. Die Scampi und die Muscheln dazugeben und die Form in den Ofen schieben. Fünf Minuten garen, bis der Fond wieder heiß ist und die Scampi und die Muscheln gar sind.
6. Die Form aus dem Ofen nehmen und den Fisch in der Form heiß servieren. Dazu mit Knoblauch eingeriebene Croûtons reichen.

BRETONISCHE FISCHSUPPE

Cotriade

FÜR SECHS PERSONEN
• *Vorbereitungszeit: 30 Minuten*
• *Garzeit: 30 Minuten*
2 kg gemischter Fisch (Merlan, Makrele, Stint, Seeteufel, Rochen, Seezunge, Goldbrasse, Rötling, Knurrhahn)
1 kg mehlige Kartoffeln
250 g Zwiebeln
50 g schwach gesalzene Butter
Salz, Pfeffer
Zum Servieren:
Rotweinessig
Scheiben geröstetes Landbrot

Die Cotriade ist eine bretonische Suppe. Man kann sie wie in diesem Rezept mit verschiedenen Fischsorten zubereiten, aber auch mit nur einer einzigen Sorte wie zum Beispiel Makrele. Das verwendete Fett muß Schweineschmalz sein, und das Wasser muß Meerwasser sein. Man könnte die Cotriade mit der Caudière vergleichen, der Fischersuppe aus Boulogne, die ebenfalls auf der Grundlage von gemischtem Fisch, Kartoffeln und Zwiebeln hergestellt wird, aber mit Sahne und Eiern gebunden wird.

1. Bitten Sie Ihren Fischhändler, die Fische zu schuppen, zu köpfen und auszunehmen. Die größeren Fische in 4 cm große Stücke schneiden, die übrigen ganz lassen und alle Fische waschen und abtrocknen. Die Zwiebeln schälen und fein hacken. Die Kartoffeln schälen, waschen und in 3 cm große Würfel schneiden.
2. Die Butter in einem sechs Liter fassenden Topf zerlassen und darin die Zwiebeln unter ständigem Rühren mit einem Holzlöffel Farbe annehmen lassen. Die Kartoffeln dazugeben, salzen und pfeffern. Umrühren und mit kaltem Wasser bedecken. Aufwallen lassen und 15 Minuten garen.
3. Am Ende dieser Zeit die Fische in die siedende Flüssigkeit geben, wobei man mit den Fischen mit festerem Fleisch beginnt (Rochen, Seeteufel, Makrele) und dann die zarteren Fische hinzufügt (Goldbrasse, Rötling, Seezunge, Merlan, Stint); nach jeder Fischzugabe den Sud erneut aufwallen lassen. Salzen, pfeffern und 15 Minuten leise köcheln lassen.
4. Wenn die Cotriade fertig ist, die Fische und die Kartoffeln abtropfen lassen und auf einer tiefen Platte anrichten. Mit ein wenig Fond begießen und warmstellen. Den Fond in eine Terrine gießen und sofort mit den gerösteten Brotscheiben zu Tisch bringen. Den Fisch und die Kartoffeln mit ein wenig Essig beträufelt servieren.

TOSKANISCHE FISCHSUPPE

Cioppino

FÜR SECHS PERSONEN
• *Vorbereitungszeit: 45 Minuten*
• *Garzeit: 45 Minuten*

3 kg gemischte Fische und Krustentiere (Drachenkopf, Seeteufel, Sankt-Peterfisch, Seezunge, Glattbutt, Goldbrasse, Seewolf, Rötling, Tintenfisch, Taschenkrebse, Seespinnen, Wollkrabben)
500 g Miesmuscheln
500 g Teppichmuscheln
12 Riesenscampi
1 kg reife Tomaten
250 ml trockener Weißwein
4 Knoblauchzehen
1 große Zwiebel
1 Karotte
2 zarte Selleriestangen
2 EL feingehackte glatte Petersilie
100 ml Olivenöl
Salz, Pfeffer

Zum Servieren:
Geröstete Brotscheiben
Knoblauchzehen

In Livorno, dem berühmten toskanischen Hafen, der im 17. Jahrhundert angelegt wurde, wird diese aromatische und würzige Suppe zubereitet. Obligatorische Zutaten sind Tomaten und Wein, der manchmal auch rot ist.

1. Bitten Sie Ihren Fischhändler, die Fische zu schuppen, zu köpfen und auszunehmen und Ihnen die Köpfe und Gräten mitzugeben. Die größeren Fische in 4 cm große Stücke schneiden, die übrigen ganz lassen und alle Fische waschen und abtrocknen. Die Tintenfische putzen und nur die Fangarme und den Schwanzkegel aufbewahren; waschen und trockenreiben. Die Teppichmuscheln mehrmals in frischem Wasser waschen. Die Muscheln abbürsten und abspülen.
2. Zwiebel und Karotte schälen und mit dem Sellerie waschen. Die Tomaten waschen, halbieren und von den Kernen befreien; das Fleisch grob hacken. Die Knoblauchzehen schälen und halbieren. Karotten und Zwiebeln mit dem Sellerie hacken.
3. Das Öl in einem sechs Liter fassenden Topf erhitzen und darin Knoblauch, Karotte, Sellerie und Zwiebel Farbe annehmen lassen. Tintenfische hinzugeben und rühren, bis sie alle Flüssigkeit abgegeben haben. Mit dem Wein ablöschen und auf starkem Feuer alle Flüssigkeit verdunsten lassen. Die Tomate hinzufügen und umrühren. Tintenfisch herausnehmen und abtropfen lassen. Die beiseite gestellten Fischabfälle in den Topf geben, mit einem Liter Wasser aufgießen und 25 Minuten zugedeckt bei schwacher Hitze kochen.
4. Am Ende dieser Zeit Fischköpfe und -gräten und die Krustentiere aus dem Topf nehmen. Den Sud im Mixer sorgfältig pürieren, bis man eine sämige Flüssigkeit erhält, und diese abfiltrieren. In den ausgespülten Topf geben und aufkochen lassen.
5. Taschenkrebse, Seespinnen oder Wollkrabben in den Sud geben und zehn Minuten leise ziehen lassen. Den Fisch hinzufügen, wobei man mit den festfleischigen beginnt (Seeteufel, Drachenkopf, Rötling); dann die Fische mit zarterem Fleisch hinzugeben (Sankt-Peterfisch, Seewolf, Seezunge, Glattbutt). Jeweils mit der nächsten Fischzugabe warten, bis der Sud wieder kocht. Die Scampi hinzufügen und fünf Minuten köcheln lassen. Zuletzt die Muscheln dazugeben. Tintenfische wieder in den Topf geben, zudecken und noch etwa fünf Minuten garen lassen.
6. Sud, Fische, Krustentiere, Muscheln und Weichtiere auf vorgewärmte Teller geben und mit gerösteten und mit Knoblauch eingeriebenen Brotscheiben garnieren.

Stockfischsuppe

Bouillabaisse de Morue

Für sechs Personen
• *Vorbereitungszeit: 15 Minuten*
• *Einweichzeit: 8 Stunden*
• *Garzeit: 20 Minuten*

1 kg Stockfisch
1 kg festkochende Kartoffeln
500 g reife Tomaten
24 schwarze Oliven, in Salz eingelegt
3 Knoblauchzehen
1 Bouquet garni (2 Zweiglein Thymian, 2 Zweiglein Fenchel, 2 Lorbeerblätter, 2 Bänder Orangenschale)
6 Prisen Safran
2 große Zwiebeln
2 EL feingehackte glatte Petersilie
4 EL Olivenöl
Salz, Pfeffer

Sehr einfach, sehr aromatisch – diese Art, den Stockfisch zuzubereiten, ist typisch provenzalisch.

1. Acht Stunden vor der Zubereitung den Stockfisch in einer reichlichen Menge kaltem Wasser einweichen. Das Wasser mehrmals wechseln.
2. Nach acht Stunden den Stockfisch herausnehmen, abtropfen lassen und in 6 cm große Stücke schneiden. Die Gräten und die Haut entfernen. Die Tomaten waschen und durch die mittlere Scheibe der Gemüsemühle passieren. Die Zwiebeln schälen und fein hacken. Die Kartoffeln schälen und in 1 cm dicke Scheiben schneiden. Die Oliven entkernen und vierteln.
3. Das Öl in einem vier Liter fassenden Topf erhitzen. Die Zwiebeln darin auf schwachem Feuer Farbe annehmen lassen. Das Tomatenpüree hinzufügen, aufkochen lassen und Bouquet garni, Safran, Pfeffer und ein wenig Salz hinzufügen. Die Kartoffeln in den Topf geben, mit Wasser bedecken und zehn Minuten zugedeckt bei schwacher Hitze garen.
4. Nach zehn Minuten den Stockfisch in den Topf geben und noch etwa zehn Minuten zugedeckt auf schwacher Hitze garen.
5. Wenn die Suppe gar ist, das Bouquet garni herausnehmen, die Petersilie und die Oliven dazugeben, vorsichtig umrühren und heiß zu Tisch bringen.

▶ ***Reichen Sie hierzu geröstete Brotscheiben.***

Fleisch und Geflügel

Nicht anders als Fisch und Meeresfrüchte dienen auch Fleisch und Geflügel als Grundlage für eine große Zahl von Suppen. Die berühmteste ist zweifellos weit über Frankreich hinaus der Pot-au-feu, der seinen Namen der Tatsache verdankt, daß er in einem Topf («Pot») zubereitet wird. Früher hießen solche Suppen in Frankreich auch «Marmite», und nicht selten wurden hierfür alle Fleischsorten verarbeitet, wie zum Beispiel im *Mourtaïrol* der Auvergne und des *Rouergue* (Rindfleisch, Huhn und Schweinefleisch), im flämischen *Hochepot* (Rindfleisch, Schweinefleisch und Hammel), im *Bouillon de quatre bêtes des Béarn* (vier Fleischsorten), der *Escudella* des Languedoc (Fleisch, Wurst und Fleischklößchen), oder der Lyonnaiser «Stelzensuppe», die Fleisch, Geflügel und eine Kalbshaxe enthält, der sie ihren Namen verdankt. Oft wird auch in der Brühe des Pot-au-feu eine Zubereitung auf der Grundlage von Mehl und Hackfleisch mit oder ohne Gemüse gegart: Die *Mique* im Südwesten, der *Farci* im Limousin und im Périgord, der in Kohlblätter eingehüllt ist, der *Farz* in der Bretagne …

Unter den Geflügelsuppen ist die

Poule au pot gewiß die berühmteste. Wie beim Pot-au-feu läßt man ein zartes, fleischiges und fettes Huhn im Topf (Pot) köcheln. Oft wird das Geflügel (Huhn, Ente, Taube, Perlhuhn) mit anderem Fleisch gemischt. Ente und Gans werden häufig den im Südwesten zubereiteten Suppen hinzugefügt wie zum Beispiel der Béarnaiser *garbure*, einer Mischung aus frischem und eingemachten Gemüse. Ebenfalls im Südwesten bereitet man Suppen in der *Olla* zu, dem Steinguttopf: Die *Ollade* des Roussillons, die *Ouillade* im Departement Ariège, den *ouillat* im Béarn, die *Oulade* im Rouergue … Stets werden hier Fleisch, Geflügel und Gemüse glücklich vermählt. Manchmal werden auch lokale Erzeugnisse wie Blutwürste oder Kochwürste hinzugefügt. Natürlich kann man aus Fleisch und Geflügel auch hervorragende Fonds zubereiten. Der Geflügelfond, der delikateste und aromatischste, ist in der guten Küche unverzichtbar. Mit ihm bereitet man Suppen und gedünstete Gerichte. Wenn man ihn reduziert, wird der Fond zu einer Glace oder Demi-glace und verwandelt dadurch die Konsistenz und den Geschmack einer Sauce, eines Gemüsegerichts oder einer einfachen Fleischbrühe.

Schottische Hammelsuppe

Scotch Broth

Für sechs Personen
• *Vorbereitungszeit: 20 Minuten*
• *Garzeit: 1 1/2 Stunden*
1 kg Lamm (Hals, Schulter)
3 EL Gerstengraupen
500 g frische junge Erbsen
1 kleiner Grünkohl
6 junge Karotten
6 junge weiße Rüben
3 EL feingehackte glatte Petersilie
Salz, Pfeffer

Der Scotch Broth, auch Scots Broth oder Barley Broth genannt, ist eine leichte, aromatische Brühe, deren Grundelemente Hammelfleisch und Gerste sind. Die Gemüsezutaten schwanken je nach Jahreszeit. Der nachfolgende Scotch Broth ist ganz auf den Frühling abgestimmt. Man kann sich aber auch eine winterliche Variante mit Kohl, weißen Rüben und Karotten vorstellen, oder man fügt Sellerie, Kürbis und Hülsenfrüchte hinzu, die man am Vortag eingeweicht hat. Das Fleisch wird manchmal an einer Kapernsauce als Hauptgericht serviert.

1. Das Fleisch in grobe Würfel schneiden. In einen großen Topf geben und gut mit Wasser bedecken. Aufkochen lassen und eine Stunde unter regelmäßigem Abschäumen köcheln lassen.
2. Inzwischen die Karotten und die weißen Rüben schälen und waschen. Die Karotten in feine Scheiben schneiden, die weißen Rüben vierteln. Die Erbsen enthülsen. Die äußeren Blätter des Kohls entfernen; den Kohl abwaschen und in feine Streifen schneiden. Die Gerste überbrausen und abtropfen lassen.
3. Wenn das Fleisch eine Stunde gegart hat, die Gerste hinzufügen, umrühren, wieder aufkochen und dann das Gemüse hinzufügen. Eine Stunde leise köcheln lassen. Während der Garzeit salzen.
4. Wenn Fleisch und Gemüse gar sind, das Fleisch aus der Suppe herausnehmen und entbeinen. Das Fleisch grob zerteilen und mit der Petersilie wieder in die Suppe geben. Nochmals aufkochen lassen, vom Feuer nehmen und zu Tisch bringen. Bei Tisch pfeffern.

Algerische Hammelsuppe

Shorba

Für sechs Personen
• *Vorbereitungszeit: 30 Minuten*
• *Ruhezeit: 6 Stunden*
• *Garzeit: 3 Stunden*
500 g Lamm (Kotelettstück)
250 g Kichererbsen
250 g reife Tomaten
250 g kleine Zucchini
2 EL Pfefferminze, fein gehackt
1 Kaffeelöffel gemahlener Kümmel
1/2 Kaffeelöffel Paprika
75 g Fadennudeln
25 g Butter
Salz, Pfeffer

Dies ist die traditionelle algerische Suppe. Je nach Region werden noch weitere Hülsenfrüchte oder auch Trockenobst wie Rosinen oder Dörrpflaumen und -aprikosen hinzugefügt.

1. Sechs Stunden vor der Zubereitung der Suppe die Kichererbsen in kaltem Wasser einweichen.
2. Am Ende der Einweichzeit das Fleisch entbeinen und in 3 cm große Würfel schneiden. Die Tomaten blanchieren, kalt überbrausen, schälen, halbieren und von den Kernen befreien; das Fleisch grob hacken. Die Zwiebeln schälen und fein hacken. Die Zucchini abwaschen, der Länge nach vierteln und in 1/2 cm dicke Fächer schneiden.
3. Die Butter in einem vier Liter fassenden Topf zerlassen. Das Fleisch darin von allen Seiten anbräunen; Zwiebeln und Zucchini hinzufügen und zwei Minuten rühren. Tomaten, Paprika, Kümmel, Salz und Pfeffer beigeben. Auf starkem Feuer umrühren, die Kichererbsen hinzufügen und mit Wasser bedecken. Aufkochen lassen und zugedeckt zwei Stunden garen lassen.
4. Am Ende dieser Zeit Fleisch und Kichererbsen mit einem Schaumlöffel herausnehmen, abtropfen lassen und warmstellen. Die Suppe einige Minuten bei starker Hitze etwas einkochen lassen, dann die Nudeln hineingeben. Nochmals aufwallen lassen, die Pfefferminze hinzugeben, umrühren und sofort zu Tisch bringen.

Rote-Rüben-Suppe

Bortsch

Für acht Personen
• *Vorbereitungszeit: 30 Minuten*
• *Garzeit: 2 1/2 Stunden*
• *Ruhezeit: 6 Stunden*

1 1/2 kg Rindfleisch (Brust oder flaches Rippenstück)
2 Markknochen
1 kleiner Grünkohl
2 mittlere Zwiebeln
3 Karotten
1 rote Paprikaschote
4 Selleriestangen
3 mittlere rohe rote Rüben
4 festkochende Kartoffeln
100 g Tomatenmark
1 Bouquet garni (1 Knoblauchzehe, 1 Lorbeerblatt, 6 Zweiglein Petersilie)
Salz

Zum Servieren:
1 gekochte rote Rübe
250 g Crème fraîche oder saure Sahne
2 EL Zitronensaft
2 EL feingehackte Aniszweiglein

Dies ist ein Borschtsch-Rezept, wie man es in Rußland selbst zubereitet. Es gibt unzählige Borschtsch-Rezepte, wobei die Suppe nicht einmal rot sein muß, wie zum Beispiel bei der «vegetarischen» Variante, die ohne rote Rüben zubereitet wird! Zum Borschtsch werden Piroggen gereicht, kleine Pastetchen, die mit Fleisch (oft demjenigen der Suppe, weshalb diese oft am Vorabend zubereitet wird) oder mit Fisch gefüllt sind.

1. Mindestens sechs Stunden vor dem Servieren Fleisch und Knochen waschen und in einen großen Topf geben. Gut mit kaltem Wasser bedecken und aufkochen. Eine Stunde kochen lassen und während der ersten halben Stunde abschäumen.
2. Inzwischen die Karotten schälen und in Scheiben schneiden. Sellerie in 2 cm große Stücke schneiden. Zwiebeln und Knoblauchzehen schälen. Paprikaschote waschen und in feine Streifen schneiden. Zwei rote Rüben schälen und in feine Stäbchen schneiden. Den Kohl waschen und in feine Streifen schneiden.
3. Wenn das Fleisch eine Stunde gegart hat, Karotten, Sellerie, Paprikaschote, rote Rüben, Kohl, Knoblauchzehen und Zwiebeln hinzufügen. Wieder aufkochen lassen, das Tomatenmark hinzufügen und alles nochmals eine Stunde garen.
4. In der Zwischenzeit die Kartoffeln schälen und vierteln. Nach zwei Stunden Garzeit in den Topf geben und weitere 30 Minuten garen.
5. Wenn Fleisch und Gemüse gar sind, das Fleisch herausnehmen, abtropfen lassen und zerpflücken. Bouquet garni, Knoblauch und Zwiebel herausnehmen. Die Suppe etwa sechs Stunden im Kühlschrank kühl stellen.
6. Zehn Minuten vor dem Servieren die Suppe entfetten und auf schwachem Feuer nochmals erhitzen. Die rote Rübe schälen und in feine Streifen schneiden. Mit dem Zitronensaft beträufeln. Die Suppe auf Teller verteilen und mit der fein geschnittenen roten Rübe bestreuen. In jeden Teller ein Nüßchen Sahne geben und mit Anis bestreuen. Sofort zu Tisch bringen.

Lammcurrysuppe

Mulligatowny

Für sechs Personen
• *Vorbereitungszeit: 15 Minuten*
• *Garzeit: 40 Minuten*

12 Lammkoteletts
1 Zwiebel (100 g)
2 Karotten
300 g Kartoffeln
2 Knoblauchzehen
50 g frischer Ingwer
1 EL Curry
1 l Geflügelfond (Seite 164)
2 EL Zitronensaft
1 EL feingehackter frischer Koriander
2 EL Öl
Salz

«Pfeffer und Wasser» – dies bedeutet dieses englisch-indische Wort. Aus Wasser und Pfeffer entsteht freilich noch nichts Besonderes; die Engländer haben deshalb pikante Gewürze und Fleisch hinzugefügt.

1. Zwiebel und Knoblauch schälen und fein hacken. Karotten und Kartoffeln schälen, waschen und in feine Scheiben schneiden. Die Lammkoteletts parieren und die Knochen aufbewahren. Den Ingwer schälen und fein hacken.
2. Das Öl in einem vier Liter fassenden Topf erhitzen. Die Koteletts darin anbräunen, herausnehmen und abtropfen lassen. Die Knochen, gehackten Knoblauch und gehackte Zwiebel, Karotten und Kartoffeln hinzufügen und die Mischung fünf Minuten unter Rühren Farbe annehmen lassen. Den Ingwer und den Curry hinzufügen und zwei Minuten rühren. Mit dem Fond ablöschen. Aufkochen lassen und die Lammkoteletts wieder in den Topf geben. Salzen und zugedeckt unter gelegentlichem Umrühren 30 Minuten garen.
3. Die Lammkoteletts herausnehmen und die Knochen wegwerfen. Den Inhalt des Topfs in einem Mixer pürieren. Die Suppe auf schwachem Feuer nochmals erhitzen und die Lammkoteletts wieder hineingeben. Den Zitronensaft hinzufügen, mischen und vom Feuer nehmen. Auf sechs Teller verteilen und mit dem Koriander bestreut heiß zu Tisch bringen.

Pot-au-feu

Pot-au-feu

Für sechs Personen
• *Vorbereitungszeit: 30 Minuten*
• *Garzeit: 5 Stunden*
2 1/2 kg Rindfleisch (Schulter, Nuß, Brust, Rippenfleisch)
1 große Karotte
3 Knoblauchzehen
1 Bouquet garni (1 Lorbeerblatt, 1 Zweiglein Thymian, 6 Zweiglein Petersilie, 2 Selleriestangen mit Laub)
1 Zwiebel (50 g)
3 Gewürznelken
1 Kaffeelöffel gemischter Pfeffer
2 Kaffeelöffel grobes Meersalz
Für das Gemüse:
18 kleine Karotten
12 weiße Rübchen
Das Weiße von 12 Lauchstangen
12 kleine Kartoffeln
3 Sellerieherzen
Zum Servieren:
100 g Fadennudeln
zerstoßener Pfeffer

Dies ist zweifellos das berühmteste der französischen Hauptgerichte: Eine aromatische Rinderbrühe, gefolgt von Fleisch und beliebigem auf der Zunge schmelzendem Gemüse. Pot-au-feu ist zwar mit dem Boeuf au Bouillon vergleichbar, doch wird in manchen Gegenden noch anderes Fleisch hinzugefügt, zum Beispiel in der Bretagne, wo man Schweinefleisch hineingibt, oder im Languedoc, wo man eine Mischung aus Rindfleisch, Kalbshaxe und Lammhals verwendet. In allen Fällen kann man Markknochen hinzufügen, die man getrennt in Salzwasser gart. Das Mark ißt man dann auf gerösteten Brotscheiben mit grobem Salz.

1. Zubereitung des Pot-au-feu: Das Fleisch waschen und binden. Die Karotte schälen und mit der Selleriestange waschen. Die Karotte in vier Stücke schneiden. Das Bouquet garni binden. Die Zwiebel schälen und mit den Gewürznelken bestecken.
2. Das Fleisch in einen großen Topf geben. Karotte, Zwiebel, Bouquet garni, Salz, Pfeffer und die ganzen Knoblauchzehen hinzufügen. Mit kaltem Wasser gut bedekken. Langsam zum Kochen bringen, dann vier bis fünf Stunden sehr leise ziehen lassen, bis das Fleisch ganz zart ist. Während der ersten halben Stunde abschäumen.
3. Wenn das Fleisch gar ist, den Herd ausschalten. Gemüse und Aromaten aus der Bouillon nehmen. Die Bouillon etwa 30 Minuten ruhen lassen und das aufschwimmende Fett mit einem Löffel abnehmen. Wenn es die Zeit erlaubt, die Bouillon zusätzlich einige Stunden stehen lassen, bis kein Fett mehr in der Bouillon gelöst ist und alle Verunreinigungen sich am Boden des Topfs abgesetzt haben. Dadurch erhält man eine vollkommen klare Brühe.
4. Zubereitung des Gemüses: Karotten, weiße Rübchen, Kartoffeln und Lauch schälen. Mit den Sellerieherzen waschen und ganz lassen.
5. Das Gemüse in eine glatte Pfanne von 28 cm Durchmesser geben und diese zur Hälfte mit der entfetteten Brühe auffüllen. Das Gemüse zugedeckt bei schwacher Hitze etwa 15 bis 20 Minuten garen, bis es zart ist und alle Flüssigkeit in der Pfanne verkocht ist. Dadurch wird das Gemüse sehr aromatisch und stört den köstlichen Geschmack der Kochflüssigkeit des Fleisches nicht.
6. Die Brühe und das Fleisch nochmals erhitzen. Die Hälfte der Brühe in einen Topf gießen und aufkochen lassen. Die Nudeln hineingeben und zwei Minuten garen. Sofort zu Tisch bringen. Das Fleisch aufgeschnitten und mit dem Gemüse umlegt auf einer Platte zu Tisch bringen.

▶ ***Zu dem Fleisch und den Gemüsen Cornichons, in Essig eingelegte Zwiebeln oder Kirschen, grobes Salz und verschiedene Senfarten reichen.***

Marokkanische Fastensuppe

Harira

Für sechs Personen
• *Vorbereitungszeit: 30 Minuten*
• *Ruhezeit: 6 Stunden*
• *Garzeit: 3 Stunden*
750 g Lammfleisch (Kotelettstück)
400 g Kichererbsen
500 g reife Tomaten
4 EL feingehackter frischer Koriander
75 g Fadennudeln
12 kleine neue Zwiebeln
2 zarte Selleriestangen
2 EL Zitronensaft
4 Prisen Safran
Salz, Pfeffer

Während der 30 Tage des Ramadan, des islamischen Fastenmonats, durchzieht alle Straßen Marokkos der Duft dieser Suppe, die man auch mit Linsen zubereiten kann.

1. Sechs Stunden vor der Zubereitung der Suppe die Kichererbsen in kaltem Wasser einweichen.
2. Die Kichererbsen abtropfen lassen und in einen Topf geben. Das Fleisch entbeinen, in 3 cm große Würfel schneiden und mit Safran, Salz und Pfeffer ebenfalls in den Topf geben. Zum Kochen bringen und zugedeckt eine Stunde garen.
3. Inzwischen die Tomaten blanchieren, kalt überbrausen, schälen, halbieren und von den Kernen befreien; das Fleisch grob hacken. Die Zwiebeln schälen, waschen und trockenreiben. Die Selleriestangen in 1/2 cm dicke Scheiben schneiden.
4. Wenn das Fleisch eine Stunde gegart hat, Sellerie, Zwiebeln und Tomaten in den Topf geben. Umrühren und eine weitere Stunde garen.
5. Nach zwei Stunden das Fleisch und die Kichererbsen mit einem Schaumlöffel herausnehmen, abtropfen lassen und warmstellen. Die Suppe einige Minuten bei starker Hitze kochen lassen, bis sie dicklich wird, dann die Nudeln hinzufügen. Nochmals aufkochen lassen, den Koriander hinzufügen, mischen und alles sofort zu Tisch bringen.

Rippenstück-Eintopf

Hochepot de Plat de Côtes

Für sechs Personen
• *Vorbereitungszeit: 30 Minuten*
• *Garzeit: 4 Stunden*

1 1/2 kg Rippenstück vom Rind
2 Schalotten
2 Knoblauchzehen
1 Bouquet garni (2 Zweiglein Thymian, 2 Lorbeerblätter, 6 Petersilienzweiglein)
2 Gewürznelken
1 kleines Stückchen Muskatblüte
1 EL zerstoßener Pfeffer
500 g festkochende Kartoffeln
500 g Sellerie
5 Karotten
Salz
Zum Servieren:
Scheiben geröstetes Landbrot
Verschiedene Arten Senf
Grobes Meersalz

Die flandrische Spezialität Hochepot wird entweder – wie hier – mit einer einzigen Fleischsorte oder aber mit einer Vielzahl verschiedener Fleischsorten zubereitet: Rind, Lamm, Kalb, Schwein (frisch, gepökelt oder geräuchert). In den Niederlanden werden die mitgegarten Gemüse in einem Teil der Brühe zu einem Püree reduziert, das zum Fleisch gegessen wird.

1. Das Rippenstück waschen und abtrocknen. In einem vier Liter fassenden Topf Wasser zum Kochen bringen. Das Fleisch hineingeben und zehn Minuten sprudelnd kochen lassen. Abtropfen lassen und das Kochwasser wegschütten. Das Fleisch und den Topf waschen.
2. Das Fleisch wieder in den Topf geben und mit kaltem Wasser bedecken. Die Schalotten und die Knoblauchzehen schälen. Thymian, Lorbeerblatt, Gewürznelken, Muskatblüte und Pfeffer in ein kleines weißes Gaze-Viereck geben und verknoten. Schalotten, Knoblauchzehen und Gewürzsäckchen in den Topf geben. Bei milder Hitze aufkochen lassen und zudecken. Zweieinhalb Stunden leise köcheln lassen.
3. 30 Minuten vor dem Ende der Garzeit das Gemüse zubereiten: Kartoffeln, Sellerie und Karotten schälen, waschen und abtrocknen. Den Sellerie in dicke Scheiben und die Karotten in zwei Stücke schneiden.
4. Wenn das Fleisch zweieinhalb Stunden gegart hat, das Gemüse in den Topf geben und weitere eineinhalb Stunden bei milder Hitze zugedeckt garen lassen.
5. Wenn der Hochepot fertig ist, die Gemüse abtropfen lassen und fein würfeln. Das Fleisch in Stücke schneiden.
6. Die Hälfte der Bouillon nochmals erhitzen und das Gemüse hineingeben. Heiß mit den gerösteten Brotscheiben zu Tisch bringen. Anschließend das warme Fleisch mit der restlichen Brühe sowie mit verschiedenen Senfarten und grobem Salz servieren.

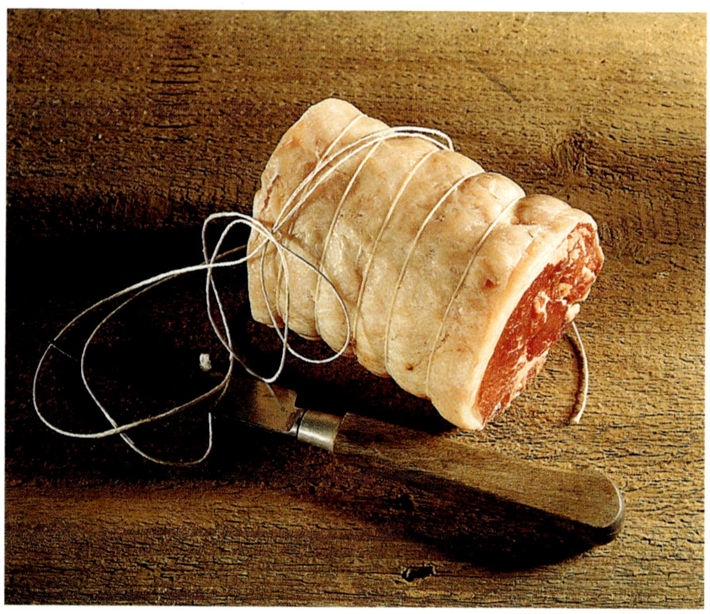

Hühnersuppe mit Kokosmilch

Soupe de Poulet au Lait de Coco

Für vier Personen
• *Vorbereitungszeit: 15 Minuten*
• *Garzeit: 20 Minuten*
2 Hühnerbrüstchen
500 ml Kokosmilch
1 frische Zitronengraszwiebel
2 grüne Pfefferschoten
2 junge Zwiebeln
2 EL Fischsauce (Nam pla oder Nuoc mam)
2 EL Saft von grünen Zitronen
2 EL feingehackte Pfefferminze
4 Prisen scharfer Paprika
1 Knoblauchzehe

Diese thailändische Suppe ist oft noch viel schärfer gewürzt. In derselben Weise kann man auch in Streifen geschnittenen weißen Fisch zubereiten: Goldbrasse, Seewolf, Kabeljau, Merlan und so weiter.

1. Die harten Blätter der Zitronengraszwiebel entfernen und das Herz in 1 cm große Stücke schneiden. Die Pfefferschoten waschen, in feine Scheiben schneiden und die Kerne und den Stiel entfernen. Die Zwiebeln schälen und fein hacken. Die Knoblauchzehe schälen und blättrig schneiden. Das Hühnerfleisch in zwei Zentimeter große Würfel schneiden.
2. Die Kokosmilch mit der gleichen Menge Wasser in einen großen Topf gießen. Aufkochen lassen und die Geflügelbrüstchen, den Knoblauch und das Zitronengras hineingeben. Zwanzig Minuten leise köcheln lassen, dann Zwiebeln und Pfefferschoten, die Fischsauce und den Zitronensaft hinzugeben. Umrühren und vom Feuer nehmen.
3. Die Suppe auf vier Teller verteilen, mit der Pfefferminze bestreuen und sofort zu Tisch bringen.

Schottische Lauchsuppe

Cock-a-Leekie

Für sechs Personen
• *Vorbereitungszeit: 10 Minuten*
• *Garzeit: 3 Stunden*
1 Huhn (2 kg)
250 g Backpflaumen
1 kg Lauch
1 Kalbsknochen
1 Bouquet garni (1 Lorbeerblatt, 1 Zweiglein Thymian, 6 Zweiglein Petersilie)
Salz, Pfeffer

Eine der berühmtesten schottischen Suppen, die schon Talleyrand schätzte. Statt der Backpflaumen, die das Gericht mild und süß machen, wird manchmal Reis verwendet.

1. Bitten Sie Ihren Geflügelhändler, das Huhn auszunehmen und Ihnen das Geflügelklein mitzugeben. Leber und Magen putzen. Das Huhn innen und außen salzen und pfeffern.
2. Das Bouquet garni binden. Die Lauchstangen schälen und schräg in feine Scheiben schneiden.
3. Das Huhn in einen Topf von vier Litern Inhalt geben und mit Wasser bedecken. Drei Viertel der Lauchstangen, Bouquet garni, den Knochen und das Geflügelklein hinzugeben. Aufkochen lassen und zugedeckt zweieinhalb Stunden leise köcheln lassen.
4. Das Huhn herausnehmen, abtropfen lassen und den Sud filtrieren. In einen Topf abgießen und aufkochen lassen. Den restlichen Lauch und die Pflaumen hineingeben. 20 Minuten leise köcheln lassen.
5. Inzwischen das Huhn tranchieren. Wenn die Pflaumen und der Lauch gar sind, die Huhnstücke hinzufügen und nochmals fünf Minuten erhitzen. In eine Terrine geben und heiß zu Tisch bringen.

Eier, Käse und Milchprodukte

Eier können in Suppen verschiedene Rollen spielen. Zunächst dienen sie als Bindemittel: Geschlagen und in eine heiße, aber nicht kochende Flüssigkeit gegossen, machen sie eine Suppe geschmeidig und sämig. Oft wird ihnen Sahne oder Milch hinzugefügt.

Sie können als eigene Zutat dienen, indem man sie in einer leise köchelnden Flüssigkeit pochiert oder aber verschlägt (alleine oder mit Sahne oder Milch, mit geriebenem Parmesan oder Emmentaler, mit fein gehackten Gewürzkräutern, mit Muskat und Pfeffer) und in eine kochende Brühe gießt. In diesem Fall flocken sie aus; eines der aromatischsten Beispiele hierfür ist die römische *Stracciatella*, die mit einem Geflügelfond und frisch geriebenem Parmesan zubereitet wird. Eine andere Verwendungsmöglichkeit ist die Herstellung von *Royales*, Eimischungen, die mit heißer Consommé und einem Gemüse- oder Geflügelpüree verschlagen und im Wasserbad gegart werden; anschließend nimmt man sie aus der Form und schneidet sie in Würfel, Stäbchen oder Rhomboide und serviert sie in einer Geflügel- oder

Fleischbrühe. Man kann aus ihnen auch feine Crèpes nature mit Käse oder Kräutern herstellen, die nach dem Garen in Streifen geschnitten werden und eine köstliche Consommé garnieren.

Käse- und Milchsuppen sind in ganz Frankreich beliebt. Sie waren einst das Gericht armer Bauern, die einige Kühe oder Ziegen hatten und ihren eigenen Käse herstellten. In Flandern kocht man Karotten, Kohl, weiße Rüben und Kartoffeln in Milch, passiert dies durch, bindet die Suppe mit Ei und reicht sie über geröstetem Brot und knusprigen Speckstückchen.

In der Bretagne, in Rennes, läßt man einfache Zwiebeln in der Milch köcheln. Diese Suppe wird auf Croûtons gegossen und überbacken und jung Verheirateten am Morgen nach der Hochzeitsnacht serviert.

Sehr viele Käsesuppen werden mit Cantal zubereitet – einfach überbacken auf geröstetem Brot in einer köstlichen Fleisch- oder Geflügelbrühe, oder aber als *panade,* wobei Brot und grob geriebener Cantal in einen Tontopf geschichtet, großzügig mit Bouillon befeuchtet und lange ins Rohr gestellt werden. Brotsuppen spielten in der ländlichen Küche einst eine große Rolle. Sie haben heute leichteren Zubereitungen Platz gemacht.

Eier-Bouillabaisse

Bouillabaisse d'Œufs

Für vier Personen
• *Vorbereitungszeit: 15 Minuten*
• *Garzeit: 30 Minuten*
500 g reife Tomaten
4 Eier
500 g festkochende Kartoffeln
2 große Zwiebeln
1 Zweiglein Thymian
1 Lorbeerblatt
1/2 Kaffeelöffel Safran
1/2 Kaffeelöffel Paprika
2 Zweiglein Basilikum
3 EL Olivenöl
Salz, zerstoßener Pfeffer

In der Provence heißt dieses Gericht auch «Bouillabaisse borgne».

1. Die Zwiebeln schälen und fein hacken. Die Tomaten zehn Sekunden blanchieren, kalt überbrausen, schälen, halbieren und die Kerne entfernen; das Fleisch grob hacken. Die Kartoffeln schälen und in 1 cm große Würfel schneiden.
2. Das Öl in einer Pfanne mit 26 cm Durchmesser erhitzen und die Zwiebeln darin Farbe annehmen lassen. Thymian, Lorbeerblatt, Paprika und Safran hinzugeben und umrühren. Die Tomaten dazugeben und zwei Minuten rühren. Die Kartoffeln und ein Zweiglein Basilikum hinzugeben und mit Wasser bedecken. Wieder aufkochen lassen und 30 Minuten garen, bis die Kartoffeln sehr zart sind. Während der Garzeit salzen.
3. Die Eier in einen tiefen Teller schlagen. Wenn die Suppe gar ist, die Eier hineingleiten lassen und zugedeckt etwa vier Minuten garen, bis das Eiweiß gerade angezogen hat.
4. Die Suppe auf vier Teller geben und in die Mitte jeweils ein Ei geben. Mit dem Basilikum garnieren und heiß zu Tisch bringen. Bei Tisch mit dem zerstoßenen Pfeffer bestreuen.

▶ ***Reichen Sie dazu geröstetes Stangenbrot.***

Milchsuppe

Soupe au Lait

Für vier Personen
• *Vorbereitungszeit: 10 Minuten*
• *Garzeit: 30 Minuten*

1 l Milch
1 große Zwiebel
Das Weiße von 3 Lauchstangen
250 g mehlige Kartoffeln
25 g Butter
6 Prisen geriebene Muskatnuß
Salz, Pfeffer

Wie die Suppen mit Ei werden auch Milchsuppen in Frankreich und Europa in jeder Region anders zubereitet. Das nachfolgende Rezept stammt aus den Ardennen.

1. Die Zwiebel schälen und fein hacken. Die Lauchstangen waschen und schräg in dünne Scheiben schneiden. Die Kartoffeln schälen, waschen und in sehr feine Scheiben schneiden.
2. Die Butter in einem vier Liter fassenden Topf zerlassen und darin Zwiebel und Lauch bei schwacher Hitze unter Rühren in etwa fünf Minuten Farbe annehmen lassen. Die Milch dazugießen und aufkochen lassen. Kartoffeln, Salz, Pfeffer und Muskatnuß hinzufügen. Den Topf zudecken und etwa 20 Minuten garen, bis die Kartoffeln zart sind. Heiß zu Tisch bringen.

▶ ***Reichen Sie hierzu geröstete Brotscheiben: Stangenbrot (Baguette oder Ficelle), Landbrot und so weiter.***

Ostersuppe

Bouillon de Pâques

Für vier Personen
• *Vorbereitungszeit: 5 Minuten*
• *Garzeit: 5 Minuten*

1,2 l Geflügelfond (Seite 164)
4 Eier
2 Eigelb
2 EL Zitronensaft
Zum Servieren:
Fein geriebener Parmesan
Geröstete Brotscheiben
Frischer Majoran

Dies ist ein typisches Rezept aus der Gegend von Rom.

1. Die Brotscheiben auf vier Teller verteilen. Mit Majoran und Parmesan bestreuen.
2. Den Fond in eine Kasserolle gießen und aufkochen lassen. Leise köcheln lassen.
3. Die Eier mit den Eigelb und dem Zitronensaft schlagen. Die Mischung auf sehr schwacher Hitze in den Fond geben (nicht kochen lassen, da die Eier sonst gerinnen) und schlagen, bis man eine sämige Suppe erhält.
4. Die siedende Suppe in die garnierten Teller gießen und sofort zu Tisch bringen.

Eierflockensuppe

Soupe aux Flocons d'Œufs

Für vier Personen
• *Vorbereitungszeit: 10 Minuten*
• *Garzeit: 10 Minuten*
1 l Geflügelfond (Seite 164)
4 Eier
75 g feingeriebener Parmesan
Salz, Pfeffer
Zum Servieren:
Feingeriebener Parmesan
zerstoßener Pfeffer

Eine besonders einfache Suppe. Sie wird im Norden und im Süden Europas, von Metz bis Rom zubereitet. Das Prinzip ist immer dasselbe: Geschlagene Eier, die man in eine köchelnde Bouillon gleiten läßt. Diese Eier kann man natürlich mit Käse aus der Gegend, mit fein gehackten oder getrockneten Kräutern und so weiter würzen.

1. Die Eier mit dem Parmesan in einer Schüssel schlagen. Leicht salzen und pfeffern.
2. Die Bouillon in einen großen Topf gießen und aufkochen lassen. Die geschlagenen Eier in dünnem Strahl unter Rühren mit einem Holzlöffel in die köchelnde Bouillon gießen, so daß sich Flocken bilden, die an der Oberfläche bleiben. Sofort mit Parmesan und nach Wahl mit zerstoßenem Pfeffer zu Tisch bringen.

Eiersuppe nach Toulouser Art

Tourain comme à Toulouse

Für sechs Personen
• *Vorbereitungszeit: 5 Minuten*
• *Garzeit: 30 Minuten*
8 junge Knoblauchzehen
3 Eier
1 Bouquet garni
(1 Zweiglein Thymian, 1 Lorbeerblatt, 2 Zweiglein Salbei)
1 EL Essig
75 g Gänsefett
Salz, Pfeffer
Zum Servieren:
100 g geriebener Emmentaler
Geröstete Brotscheiben

Tourains oder tourins sind Suppen, die man in allen großen und kleinen Städten im Südwesten Frankreichs zubereitet. Nachfolgend die Version von Toulouse.

1. Knoblauchzehen schälen und fein hacken. Das Bouquet garni binden. Zwei Liter Wasser zum Kochen bringen.
2. Das Gänsefett in einem gußeisernen Topf von vier Litern Inhalt zerlassen und den gehackten Knoblauch hineingeben. Zwei Minuten bei schwacher Hitze rühren, bis der Knoblauch Farbe annimmt, dann mit dem kochenden Wasser aufgießen. Bouquet garni hinzufügen, salzen und pfeffern. Aufwallen lassen und zugedeckt 30 Minuten leise köcheln lassen.
3. Inzwischen die Brotschnitten in eine Terrine geben. Den geriebenen Käse dazugeben.
4. Nach 30 Minuten der Garzeit die Eier trennen. Das Bouquet garni aus dem Topf nehmen. Die Eiweiße mit der Gabel schaumig schlagen und unter ständigem Schlagen in die siedende Suppe gießen, so daß sich weiße Fäden bilden.
5. Zwei Eßlöffel Brühe in die Eigelb geben und mit einer Gabel schlagen. Den Topf vom Feuer nehmen und diese Mischung unter ständigem Rühren in die Suppe gießen; die Eigelb dürfen nicht fest werden, sondern dienen nur zum Binden der Suppe. Den Essig dazugießen und nochmals umrühren. Die siedende Suppe in die Terrine geben und sofort zu Tisch bringen.

Eiersuppe nach Bordelaiser Art

Tourain comme à Bordeaux

Für vier Personen
• *Vorbereitungszeit: 5 Minuten*
• *Garzeit: 10 Minuten*
200 g Zwiebeln
3 Eigelb
1 l Milch
100 g Crème fraîche
75 g Butter
Salz, Pfeffer
Zum Servieren:
Brotscheiben

In Bordeaux nimmt man statt Gänsefett Butter und statt der Zwiebeln Knoblauch. Diese Suppen, die keine Tomaten enthalten, heißen auch «tourins blanchis».

1. Die Zwiebeln schälen und fein hacken. Die Milch in einer Kasserolle aufkochen.
2. Die Hälfte der Butter in einem vier Liter fassenden gußeisernen Topf zerlassen und die Zwiebeln darin Farbe annehmen lassen. Milch, Salz und Pfeffer dazugießen. Nochmals aufkochen und zugedeckt 30 Minuten unter häufigem Umrühren leise köcheln lassen.
3. Danach die Eigelb, die Sahne und drei Eßlöffel Brühe in einer Schüssel schlagen. Den Topf vom Feuer nehmen und die Mischung dazuschlagen, um die Suppe zu binden. Die restliche Butter unter weiterem Schlagen hinzufügen.
4. Das Brot auf die Teller verteilen und mit der Suppe übergießen. Sofort zu Tisch bringen.

Selleriesuppe mit Stilton

Soupe au Céleri et au Stilton

Für sechs Personen
• *Vorbereitungszeit: 15 Minuten*
• *Garzeit: 50 Minuten*

100 g Stilton
1 l Geflügelfond (Seite 164)
2 EL Portwein
125 ml trockener Weißwein
1 Selleriestange
1 mittlere Zwiebel
250 g mehlige Kartoffeln
2 EL dicke Sahne
50 g Butter
Salz, Pfeffer
Zum Servieren:
Geröstete Brotscheiben
Stilton

Der Stilton, jener köstliche britische Blauschimmelkäse, der angeblich aus dem kleinen Ort Stilton stammt, wird stets mit Crackers, einigen knackigen Selleriestangen und einem Glas Portwein serviert. Ein sehr britischer Gaumenkitzel, der die Inspiration zu dieser Suppe gab.

1. Den Sellerie fein hacken und die zarten Blätter zur Dekoration aufheben. Die Zwiebel schälen und fein hacken. Die Kartoffeln schälen und in kleine Würfel schneiden.
2. Die Butter in einem vier Liter fassenden Topf zerlassen und darin Sellerie und Zwiebel Farbe annehmen lassen. Die Kartoffeln hinzufügen, eine Minute rühren und anschließend Weißwein, Portwein und Geflügelfond dazugießen. Salzen, pfeffern und zugedeckt 45 Minuten leise köcheln lassen.
3. Am Ende dieser Zeit die Suppe pürieren und filtrieren. Auf kleinem Feuer nochmals erhitzen. Den zerbröckelten Stilton und die Sahne hineingeben und auf sehr schwachem Feuer rühren, ohne die Suppe kochen zu lassen.
4. Die Suppe in eine Terrine gießen, mit dem beiseite gestellten Sellerie garnieren und sofort servieren.

▶ ***Reichen Sie dazu geröstete Brotscheiben, die mit ein wenig Stilton bestrichen sind.***

Desserts

Im Sommer sind Kaltschalen zum Nachtisch eine willkommene Erfrischung, zum Beispiel die Kirschenkaltschale mit Mandeln oder die Pfirsichkaltschale mit Stachelbeeren. Im Winter sind sie stärkend und kalorienreich – die Schweden wissen dies, die zu Weihnachten ein süßes Reisdessert essen.

Die meisten Früchte lassen sich als Kaltschale zubereiten und in aromatischen Sirups oder süßen aromatisierten Weinen garen. Reis und Grieß kocht man in Milch, die man mit der Schale von Orangen, Mandarinen oder Zitronen, wahlweise auch mit Zimt oder Vanille aromatisiert. Milchsuppen bereitete man einst für kleine Kinder zu: Gekochte Milch mit Zucker und Vanille, in der man Brot, Reis oder Grieß ziehen ließ. Diese süßen Suppen, die aus unseren köstlichen Kindheitserinnerungen nicht wegzudenken sind, sind sicher zu einem großen Teil für unsere Lust an Süßem verantwortlich.

PFIRSICHKALTSCHALE MIT ROTEN JOHANNISBEEREN

Soupe de Pêches aux Groseilles

FÜR SECHS PERSONEN
• *Vorbereitung: 15 Minuten, etwa 6 Stunden vor dem Verzehr*
1 kg Pfirsiche
500 g Johannisbeeren
100 g Zuckerraffinade
1 unbehandelte Zitrone

Dies ist eine der gelungensten Obstkombinationen überhaupt. Man kann diese Kaltschale auch mit Aprikosen oder Nektarinen zubereiten.

1. Die Johannisbeeren waschen und abtropfen lassen. Die Zitrone waschen und die Hälfte der Schale aufbewahren, die man mit einem Zestenschäler abgenommen hat. Die Zitrone halbieren und auspressen. Den Saft in eine Kasserolle geben. Den Zucker hinzufügen und aufkochen lassen. Die Hälfte der Johannisbeeren in den Sirup geben und vom Feuer nehmen, wenn sie aufplatzen. Abkühlen lassen und in eine Schale filtrieren, indem man die Johannisbeeren leicht zerdrückt.
2. Die Pfirsiche schälen, halbieren und in 1/2 cm dicke Scheiben schneiden. Mit den Zitronenschalen und dem Rest der Johannisbeeren, die man von den Stielen befreit hat, in die Schale geben. Vor dem Servieren mindestens eine Stunde in den Kühlschrank stellen.

ERDBEERKALTSCHALE MIT CAMPARI

Soupe de Fraises au Campari

FÜR SECHS PERSONEN
• *Vorbereitung: 20 Minuten*
• *Ruhezeit: 6 Stunden*
1 kg Erdbeeren
200 g Himbeeren
75 g frischer Ingwer
Geriebene Schale einer grünen Zitrone
150 ml Campari
150 g Zuckerraffinade

Die Bitterkeit des Campari und der abgeriebenen Zitronenschale und der würzige Duft des Ingwer: Dies sind zwei Aromen, die die Erdbeeren besonders gut zur Geltung bringen.

1. Den Ingwer schälen und mit der feinen Trommel einer Küchenmaschine über einer Kasserolle reiben. Die abgeriebene Zitronenschale und den Zucker hinzufügen und aufkochen lassen. Zu einem dicken Sirup einkochen.
2. Inzwischen die Erdbeeren waschen und von den Stielen befreien. Den Sirup vom Feuer nehmen, den Campari hinzufügen und die Erdbeeren und Himbeeren hineingeben. Abkühlen lassen und sechs Stunden in den Kühlschrank stellen. Kalt servieren.

WÜRZIGE MELONENKALTSCHALE

Soupe de Melon aux Épices

FÜR VIER PERSONEN
• *Vorbereitung und Garzeit: 30 Minuten*
• *Ruhezeit: 6 Stunden*

2 Melonen, je 500 g
100 g Himbeeren
1 Vanilleschote
40 g frischer Ingwer
4 Zimtstangen, 4,5 cm lang
4 Gewürznelken
60 g Zuckerraffinade

Die Melone ist eine Frucht, die in der Küche sehr vielseitig verwendbar ist. Im Midi bereitet man hieraus Kompott und Marmelade, und man legt sogar die Rinde in einen aromatischen Sirup ein. Melonen werden auch ganz eingemacht. Man kann sie mit allen roten Früchten zu Tisch bringen: Himbeeren, Preiselbeeren, Johannisbeeren oder Walderdbeeren.

1. Den Ingwer schälen und in feine Stäbchen schneiden. Die Vanilleschote der Länge nach spalten.
2. Ingwer, Vanille, Zimt, Gewürznelken und Zucker in eine Pfanne von 24 cm Durchmesser mit glattem Boden geben. 300 ml Wasser hinzufügen und aufkochen lassen. Fünf Minuten kochen lassen.
3. Inzwischen die Melonen senkrecht halbieren und die Kerne entfernen. Jede Melonenhälfte in fünf Millimeter dicke Scheiben schneiden und die Rinde entfernen.
4. Nach fünf Minuten die Melonenscheiben zu dem Sirup in die Pfanne geben. Drei Minuten von beiden Seiten bei milder Hitze garen, dann mit einem Fischheber herausheben.
5. Die Melonenschnitten in eine Terrine geben. Mit den Himbeeren umlegen und mit dem Gewürzsirup überziehen, ohne die Gewürze zu entfernen. Abkühlen lassen und sechs Stunden in den Kühlschrank stellen.
6. Zum Servieren die Melonenscheiben auf tiefe Teller verteilen. Mit dem Gewürzsirup überziehen und sofort verzehren.

GRIESS-SPEISE

Semoule au Lait

FÜR VIER PERSONEN
• *Vorbereitung: 5 Minuten*
• *Garzeit: 10 Minuten*

100 g Weizengrieß
1 l Milch
150 g Zuckerraffinade
1 Vanilleschote
50 g schwach gesalzene Butter

Diese Nachspeise – hier dank der leicht gesalzenen Butter mit einem Hauch Bretagne – kann mehr oder weniger flüssig sein. Vor dem Servieren kann man noch Rosinen oder eingeweichte und in Würfel geschnittene Backpflaumen dazugeben.

1. Die Milch mit der gespaltenen Vanilleschote in einer Kasserolle aufkochen lassen. Den Zucker hinzufügen und rühren, bis er sich aufgelöst hat.
2. Den Grieß in die Milch einrieseln lassen und acht bis zehn Minuten unter ständigem Rühren garen, damit sich keine Klumpen bilden. Zuletzt die Butter hinzufügen, umrühren und vom Feuer nehmen.
3. Die Vanilleschote herausnehmen und die Grießspeise warm in tiefen Tellern servieren.

Zitrusfrüchte-Kaltschale mit Orangenblütenhonig

Soupe d'Agrumes au Miel d'Oranger

Für vier Personen
• *Vorbereitung: 20 Minuten*
• *Garzeit: 5 Minuten*
• *Ruhezeit: 1 Stunde*
2 unbehandelte Orangen
2 unbehandelte Grapefruits
2 grüne unbehandelte Zitronen
100 g Orangenblütenhonig
75 g Zuckerraffinade

Eine frische und aromatische Winterkaltschale, in der Orangenblütenhonig und Zitrusfrüchte eine köstliche Kombination bilden.

1. Die Zitrusfrüchte waschen und die Schale mit einem Zestenschäler abnehmen. Den Honig in eine Kasserolle geben, drei Eßlöffel Wasser hinzufügen und aufkochen lassen. Die Schalen in den Sirup geben, drei Minuten köcheln lassen und abtropfen lassen.
2. Die Zitrusfrüchte sorgfältig schälen und vierteln, indem man ein kleines Messer zwischen die weißen Häute schiebt. Den Saft aufbewahren, der dabei abläuft, und in die Kasserolle gießen. Eine weitere Minute kochen lassen und abkühlen lassen. Eine Stunde in den Kühlschrank stellen. Die Früchte in einer Schüssel in den Kühlschrank stellen.
3. Zum Servieren die Fruchtviertel abtropfen lassen, die noch ein wenig Saft abgegeben haben. Diesen Saft in den aromatisierten Honig gießen und verrühren. Die Früchte auf vier Teller verteilen und mit den Schalen garnieren. Mit dem Honig überziehen und zu Tisch bringen.

Sommerkaltschale mit Johannisbeeren

Soupe de Fruits d'Été au Jus de Groseille

Für sechs Personen
• *Vorbereitung und Garzeit: 15 Minuten, 2 Stunden zuvor*
1 kg rote Johannisbeeren
250 g Himbeeren
250 g Preiselbeeren
250 g Walderdbeeren
500 g Kirschen
250 g Puderzucker

Wenn man Johannisbeersaft abkühlt, bekommt er eine leicht geleeartige Konsistenz und ergibt eine geschmeidige und samtige Kaltschale.

1. Zubereitung des Johannisbeerensafts: Die Früchte waschen und von den Stielen befreien. Einige Johannisbeeren für die Dekoration aufbewahren und den Rest in eine Kasserolle geben. Auf schwache Hitze stellen und garen, bis die Johannisbeeren aufplatzen und ihren Saft abgeben. Vom Feuer nehmen, Zucker hinzufügen und rühren, bis er sich auflöst.
2. Die Früchte über einer Schüssel in ein Feinsieb aus Edelstahl geben und leicht mit einem Löffel drücken, so daß man einen klaren Saft erhält. Die Früchte zehn Minuten abtropfen lassen und abkühlen lassen.
3. Inzwischen die übrigen Früchte zubereiten: Waschen und abtropfen lassen. Die Kirschen entsteinen.
4. Die Früchte mit den beiseite gestellten Johannisbeeren auf sechs Teller verteilen. Mit dem Johannisbeerensaft überziehen und zwei Stunden in den Kühlschrank stellen.
5. Zum Servieren die Schalen mit den beiseite gestellten Johannisbeeren verzieren.

Kirschenkaltschale mit Mandeln

Soupe de Cerises aux Amandes

Für vier Personen
• *Vorbereitung: 10 Minuten*
• *Garzeit: 5 Minuten*
• *Ruhezeit: 2 Stunden*
750 g Schattenmorellen
200 ml Rohrzuckersirup
6 Tropfen Bittermandelöl
2 EL Kirsch
2 EL gestiftelte Mandeln

Die Suppe wird je nach der Sorte der gewählten Kirschen mehr oder weniger sauer.

1. Die Kirschen waschen und abtropfen lassen. Mehrmals mit einer Nadel anstechen, damit sie beim Garen nicht platzen und ein wenig von ihrem Saft in die Kochflüssigkeit austritt.
2. Den Sirup in eine große Kasserolle gießen. Aufkochen lassen und die Kirschen hineingeben. Fünf Minuten unter vorsichtigem Wenden leise köcheln lassen und mit einem Schaumlöffel abtropfen lassen.
3. Den Sirup ziemlich dick einkochen, vom Feuer nehmen und den Kirsch und das Bittermandelöl hinzufügen. Abkühlen lassen und die Kirschen wieder hineingeben.
4. Die Kirschenkaltschale in eine Terrine geben und kühlstellen. Vor dem Servieren zwei Stunden ruhen lassen.
5. Zum Servieren die Mandeln in einer Pfanne mit glattem Boden kurz anrösten. Die Kaltschale auf Teller geben und mit den gerösteten Mandeln bestreuen. Sofort verzehren.

Schwedische Reiscrème

Crème de Riz à la Suédoise

Für sechs Personen
• *Vorbereitung: 10 Minuten*
• *Garzeit: 20 Minuten*
• *Ruhezeit: 6 Stunden*
150 g Rundkornreis
1 l Milch
150 g Zuckerraffinade
1 Vanilleschote
1 Zimtstange
geriebene Schale einer unbehandelten Zitrone
25 g Butter
Zum Servieren:
Geschlagene Sahne

Die Schweden lieben wie überhaupt alle Skandinavier Reis und verwenden ihn sehr viel zu Desserts. Zu Weihnachten gibt es einen köstlichen Mandelreis.

1. Den Reis fünf Minuten blanchieren und abtropfen lassen.
2. 750 ml Milch in eine große Kasserolle geben, die abgeriebene Zitronenschale, die Zimtstange und die gespaltene Vanilleschote hinzufügen und aufkochen lassen.
3. Den Reis in die kochende Milch geben und etwa 20 Minuten unter häufigem Rühren kochen, bis er sehr zart ist. Vom Feuer nehmen, Zucker und Butter hinzufügen, mischen und abkühlen lassen. Mindestens sechs Stunden im Kühlschrank ruhen lassen.
4. Vor dem Servieren Vanilleschote und Zimtstange entfernen. Die Crème auf tiefe Teller verteilen. Mit einem Sahnehäubchen garnieren und sofort verzehren.

ERDBEERKALTSCHALE MIT ROTWEIN

Soupe de Fraises au Vin Rouge

FÜR SECHS PERSONEN
• *Vorbereitung: 15 Minuten*
• *Garzeit: 20 Minuten*
• *Ruhezeit: 6 Stunden*

1 kg Erdbeeren
500 ml kräftiger Rotwein, zum Beispiel Côte du Rhône
2 EL Johannisbeerlikör (Cassis)
200 g Zuckerraffinade
4 Gewürznelken
1 Zimtstange, 4 cm lang
1 Vanilleschote
1 Stückchen Muskatblüte
1 Band Orangenschale

Erdbeeren und Rotwein waren schon immer eine gute Verbindung, von den gezuckerten und mit einem Schuß Rotwein beträufelten Erdbeeren unserer Großväter bis zu der nachfolgenden gewürzten Kaltschale, der man noch eine Mischung roher roter Früchte hinzufügen kann, bevor man sie abkühlen läßt.

1. Den Wein in eine große Kasserolle gießen. Zucker, Zimtstange, Gewürznelken, die längs gespaltene Vanilleschote, die Muskatblüte und die Orangenschale hinzufügen. Aufkochen und zehn Minuten köcheln lassen.
2. Inzwischen die Erdbeeren waschen, von den Stielen befreien und je nach Größe halbieren oder vierteln.
3. Wenn der Wein zehn Minuten gekocht hat, die Erdbeeren hineingeben. Sofort wieder herausheben, abtropfen lassen und in einer Schüssel aufbewahren.
4. Den Kochsaft der Erdbeeren zu sirupartiger Konsistenz einkochen. Abkühlen lassen, den Johannisbeerlikör hinzufügen und die Früchte damit überziehen. Etwa sechs Stunden in den Kühlschrank stellen.
5. Zum Servieren die Früchte auf tiefe Teller verteilen und mit dem gewürzten Wein überziehen. Sofort verzehren.

EXOTISCHE SUPPE MIT KOKOSMILCH

Soupe Exotique au Lait de Coco

FÜR SECHS PERSONEN
• *Vorbereitung: 15 Minuten*
• *Ruhezeit: 1 Stunde*

1 Dose Palmenherzen in Sirup (500 g)
1 Mango (500 g)
2 Kiwis
1 Granatapfel
250 ml Kokosmilch
4 EL Zuckerrohrsirup
3 EL Rosen- oder Jasminwasser

Die zarten, ovalen und durchscheinenden Palmenherzen sind die «Stars» dieser leichten und aromatischen Suppe.

1. Die Palmenherzen abtropfen lassen und unter lauwarmem Wasser waschen. Abtrocknen und in eine tiefe Platte geben. Die Mango schälen und das Fleisch in kleine Würfel schneiden. Die Kiwis schälen, vierteln und in kleine Fächer schneiden. Den Granatapfel öffnen und die Kerne herauslösen.
2. Kokosmilch, Sirup und Blütenwasser auf die Platte geben. Mangos und Kiwis hinzufügen und alles vorsichtig miteinander vermischen. Mit den Granatapfelkernen bestreuen. Mindestens eine Stunde vor dem Servieren im Kühlschrank kühl stellen.

Grundrezepte

Geflügelfond

Consommé de Volaille

Für etwa 1,2 l Fond:
2 kg Geflügelkarkassen und Geflügelklein
1 mittlere Karotte
1 Lauchblatt
1 kleine Zwiebel
1 Selleriestange
1 Gewürznelke
1 Lorbeerblatt
1 Zweiglein getrockneter Thymian
12 schwarze Pfefferkörner
1/2 Kaffeelöffel grobes Meersalz

1. Karkassen und Geflügelklein waschen. Die Karotte schälen und mit der Selleriestange und dem Lauchblatt waschen. Die Zwiebel schälen und mit der Gewürznelke bestecken.
2. Karkassen und Geflügelklein in einen großen Topf geben. Drei Liter Wasser dazugießen und den Topf auf ein schwaches Feuer setzen. Aufkochen lassen und den ersten bräunlichen Schaum abnehmen. Gemüse, Thymian, Lorbeerblatt, Salz und Pfeffer hinzufügen. Bei halb aufgelegtem Deckel zwei Stunden leise köcheln lassen.
3. Am Ende der Garzeit den Fond filtrieren; man sollte etwa 1,2 Liter eines vorzüglichen aromatischen, feinen und delikaten Fonds erhalten.

▶ ***Dieser Fond wird für eine Vielzahl von Gerichten verwendet. Man kann ihn in mehreren kleineren Gefäßen im Tiefkühlschrank aufbewahren.***

▶ ***Man kann den Fond auf die Hälfte reduzieren, so daß man eine vorzügliche aromatische Demi-Glace erhält, die man in kleinen Würfeln einfrieren kann. Man aromatisiert damit Jus und Fleisch-, Geflügel- und Fischsaucen oder gibt sie zu Suppen und gedünsteten Gerichten. Wenn man auf 120 ml reduziert, erhält man eine Glace von äußerst konzentrierten Aromen, die alle Jus und Saucen köstlich verfeinert.***

Schaltiere-Fumet

Fumet de Crustacés

Für etwa ein Liter Fumet:
Die Panzer von 1 kg rohen Krustentieren
1 mittlere Zwiebel
2 Schalotten
6 Knoblauchzehen
250 g Tomaten
100 ml trockener Weißwein
2 EL Öl
Salz, Pfeffer

1. Die Panzer in der Küchenmaschine grob hacken. Schalotten und Zwiebeln schälen und fein hacken. Die Tomaten waschen und grob hacken. Die Knoblauchzehen schälen und halbieren.
2. Das Öl in einem Topf erhitzen und die Panzer der Krustentiere hinzufügen. Wenn sie eine rote Farbe angenommen haben, Knoblauch, Zwiebel und Schalotten hinzufügen. Drei Minuten auf schwacher Hitze rühren, dann Tomaten und Wein hinzufügen. Alle Flüssigkeit verdunsten lassen.
3. Mit 1 1/2 Liter Wasser aufgießen und 35 Minuten köcheln lassen. Vom Feuer nehmen, zehn Minuten stehen lassen und abfiltrieren, wobei man kräftig drückt, um alle Flüssigkeit aus den Schaltieren herauszupressen.

▶ ***Diesen Fumet innerhalb von zwölf Stunden verwenden; andernfalls drei Monate tiefgekühlt aufbewahren.***

▶ ***Man kann den Fumet auf die Hälfte reduzieren, wodurch man eine exquisite und aromatische Demi-Glace erhält, die man in kleinen Würfeln einfrieren kann. Wenn man auf 120 ml reduziert, erhält man eine Glace mit äußerst konzentrierten Aromen, die sich hervorragend zum Verfeinern von Jus und Saucen von Fisch und Schaltieren eignet.***

Fischfumet

Fumet de Poisson

Für etwa 1 l Fumet
1 kg Parüren (Köpfe und Gräten) von weißem Fisch (Steinbutt, Seezunge, Merlan, Seewolf)
2 Zwiebeln
2 Schalotten
2 Karotten
2 große Champignons
1 Bouquet garni (1 Lorbeerblatt, 1 Zweiglein Thymian, 8 Zweiglein Petersilie)
100 ml trockener Weißwein
2 EL Öl
25 g Butter
Salz, Pfeffer

1. Zwiebeln, Schalotten und Karotten schälen. Waschen und fein hacken. Die Champignons waschen und grob hacken. Die Parüren waschen.
2. Das Öl in einem vier Liter fassenden Topf erhitzen. Die Butter hinzufügen und das gehackte Gemüse darin Farbe annehmen lassen. Die Parüren hinzufügen und fünf Minuten rühren.
3. Den Wein in den Topf gießen und ganz einkochen lassen. Dann 1 1/2 Liter Wasser dazugießen, salzen, pfeffern und 20 Minuten leise köcheln lassen. Abschäumen.
4. Wenn der Fumet fertig ist, filtrieren und abkühlen lassen.

▶ ***Diesen Fumet innerhalb von zwölf Stunden verwenden; andernfalls drei Monate tiefgekühlt aufbewahren.***

▶ ***Man kann den Fumet auf die Hälfte reduzieren, wodurch man eine exquisite und aromatische Demi-Glace erhält, die man in kleinen Würfeln einfrieren kann. Wenn man auf 120 ml reduziert, erhält man eine Glace mit äußerst konzentrierten Aromen, die sich hervorragend zum Verfeinern von Jus und Saucen von Fisch und Schalentieren eignet.***

Gemüsebouillon

Bouillon de Légumes

Für etwa 1 1/2 l Bouillon:
2 Karotten
1/4 Sellerie
1/2 Selleriestange
2 große weiße Rüben
1 Bouquet garni (2 Zweiglein Thymian, 2 Lorbeerblätter, 8 Zweiglein Petersilie)
1 dicke Zwiebel
2 Lauchstangen
3 Knoblauchzehen
3 Schalotten
4 Salatblätter
1 Prise Zimt
4 feine Scheiben frischer Ingwer
1 Band Orangenschale
1 Band Zitronenschale
2 Gewürznelken
Grobes Meersalz, Pfeffer

1. Karotten, weiße Rüben, Zwiebeln, Schalotten, Knoblauchzehen und Lauch schälen. Die Zwiebeln mit den Gewürznelken bestecken. Das Gemüse waschen und in einen großen Topf geben. Mit zwei Liter kaltem Wasser bedecken und auf schwacher Hitze aufkochen lassen. In den ersten zehn Minuten abschäumen.
2. Nach zehn Minuten Bouquet garni, Salz, Pfeffer, Orangen- und Zitronenschale, Ingwer und Zimt in den Topf geben. Zugedeckt eine Stunde leise köcheln lassen.
3. Wenn die Bouillon gar ist, filtrieren und abkühlen lassen.

▶ ***Diese Bouillon innerhalb von zwölf Stunden verwenden oder drei Monate tiefgekühlt aufbewahren.***

Register

Danksagungen

Wir danken den nachfolgenden Geschäften und Personen,
die uns Material und Gerätschaften zur Verfügung gestellt haben:

Porto-Bello
DeHillerin
Etni-Techni
Siècle
Constance Maupin
Arts domestiques anciens Éric Dubois
Les Deux Orphelines
Mme Goret
Mme de Saint Fuscien
Mme Mouton
Mme Lenoir